생성하는 진로수업

생성하는 진로수업_챗GPT, 진로진학에 상상의 힘을 더하다

펴 낸 날/ 초판1쇄 2024년 11월 01일
지 은 이/ 조설아 허인선

펴 낸 곳/ 도서출판 기역
편   집/ 책마을해리
출판등록/ 2010년 8월 2일(제313-2010-236)
주   소/ 전북 고창군 해리면 월봉성산길 88 책마을해리
           경기도 파주시 회동길 363-8 출판도시
문   의/ (대표전화)070-4175-0914, (전송)070-4209-1709

ISBN 979-11-91199-38-3 (03370)

길눈이밝은책

챗GPT, 진로진학에 상상의 힘을 더하다

생성하는 진로수업

조설아·허인선 지음

ㄱ

챗GPT, 상상의 힘을 더하다

챗GPT 등장 이후 교육계에 광풍이 몰아치고, 교사들도 관련 연수를 받고 분주해 보입니다만, 대다수 교사들은 '아직' 챗GPT와 같은 생성형AI를 수업에 활용하지 않습니다. 굳이 챗GPT를 활용하지 않아도 기존의 다양한 교수-학습 방법으로 수업을 할 수 있을뿐더러, 입시를 목전에 둔 일반계 고등학교일수록 강의식이 익숙하기 때문입니다.

항상 문제는 '처음'이죠. 어디서부터 어떻게 시작해야 할지 모르는 선생님들을 위해 호기심 많고 일단 일부터 저질러보는 저희가 나섰습니다. 이런저런 시도를 해보고 구상하면서 AI 활용 수업의 맛(?)을 보고 난 결과, 챗GPT가 학생들의 진로진학 설계에 있어 괜찮은 -최선은 아니지만- 조언자가 될 수 있으며, 더 나아가 교사의 충실한 보조자가 될 수 있다는 확신이 생겼습니다.

사실 저희는 AI에 대한 지식과 관심을 '적당히' 가진 교사들로서, 에듀테크 기술을 독보적으로 잘 다룬다거나 얼리어답터라고 자부할 만한 사람들은 아닙니다. 게다가 AI가 수업 내용을 조금 더 풍성하게 할 수 있지만, 반드시 모든 수업에 AI 활용할 필요는 없다고 생각합니다. 다만 어떤 수업들에서는

AI 활용이 분명 효율적이고 가치가 있으며, 별로 어렵지 않아서 동료 선생님들께 권하고 싶습니다. 진로수업은 평가가 없는 과목이기 때문에 챗GPT를 처음 활용해보는 분이라면 더 과감히 시도해 볼 수 있습니다.

생성형 AI 활용 진로수업에 관한 책을 출간한 이유는 다음과 같습니다.

첫째, 생성형AI를 활용해 다양한 진로수업을 하면 학생들은 미래 모습을 구체적이고 현실적으로 받아들이면서 진로설계를 손쉽게 할 수 있습니다. 막연히 잘 그려지지 않는 미래들이 생성형AI를 통해 이미지로 구현되고, 구체적으로 학생들의 마음에 와닿습니다. '막연히 수학교사가 되고 싶다'에서 '수학교사로 살면 이렇게 살겠구나', '수학교사로서 모습은 이런 모습이구나' 라고 느끼는 것이죠. 실제로 '나의 미래 소설 쓰기' 활동을 하면서 성적과 시험 이야기에 낯빛이 어두워지던 학생들이 자신의 미래를 구체적으로 상상하고 작업하고 생산된 이야기를 읽고 공유하면서 깔깔대며 웃고 이렇게 살고 싶다고 소망하며 활기를 띠며 수업에 참여하는 것을 볼 수 있었습니다. 혼자 쓰는 소설보다 챗GPT가 생성하는 미래 이야기가 더 매끄럽고 풍성한 스토리일 뿐더러 자신이 생각지도 못한 이야기도 덧붙여서 진로에 대한 색다른 시각도 갖게 하기도 합니다.

둘째, 챗GPT와 같은 생성형 AI들은 수많은 정보를 학습하여 콘텐츠를 생성해내고 즉각적으로 반응합니다. 진로상담의 과정을 살펴보면 학생이 상담교사에게 질의하고 상담교사는 노하우와 지식을 토대로 최적화된 진로진학 정보를 제공하고 진로설계 가이드를 해줍니다. 달리 생각하면 챗GPT가 상담교사와 유사한 역할을 할 수 있으며 게다가 챗GPT와 즉각적인 상호작용은 효과적인 진로탐색 가이드가 될 수 있습니다. 즉, 생성형AI가 진로교육과 상담에 있어 보완재가 될 수 있습니다.*

생성형AI와 진로탐색을 해본 것에 대해 진로상담교사에게 사실관계를 확인하면서 보충적인 상담을 진행한 뒤 진로 로드맵을 완성해갈 수 있기 때문입니다.

셋째, 4차 산업혁명 기술이 고도화된 사회이므로 인공지능과 함께 살아갈 우리 아이들을 위해 교사들이 선제적으로 인공지능 기술을 활용하고 장·단점을 습득해야 합니다. 택시가 처음 도입되었을 때 이를 가장 반대했던 사람들 인력거꾼입니다. 인력거꾼은 역사 속으로 사라졌지만, 택시 이전에는 분명 경쟁력있는 단거리 운송수단이었을 것입니다. 우리가 언제까지나 인력거꾼으로 남아있을 수 없습니다. 2022 개정 교육과정의 중점은 '미래사회가 요구하는 역량 함양이 가능한 교육과정'입니다. 디지털 소양을 기르기 위해서라도 인공지능 활용 수업이 수업에 도입되어야 합니다.

넷째, AI윤리의식을 함양시킬 수 있습니다. 칼은 잘 사용하면 좋은 도구이지만, 잘못 사용하면 자신뿐만 아니라 타인을 해칠 수 있는 도구입니다. 인공지능 역시 마찬가지입니다. 학교에서 공식적으로 이 도구를 다루는 방법을 알려줘야 할 의무가 있으며, 학생들 스스로 인공지능과 관련한 윤리적 논쟁에서 합리적 결론을 도출할 수 있도록 사고 훈련을 해야 합니다.

---

* 미국에도 학교에 진로상담교사 역할을 하는 진로카운슬러가 존재하지만, 한 사람이 상담할 수 있는 학생이 한정되어 있어 사설 상담을 받는 학생들이 많다고 합니다. 이를 보완하기 위해 이미 미국에는 AI진로상담 프로그램이 개발되어 보급되어 있습니다. 국내에도 이런 프로그램이 개발되어 단순한 대입 정보 제공만이 아닌 진로설계 상담도 가능하게 되었습니다(참고기사: https://www.mk.co.kr/news/society/10710537 데이터드리븐, 교육 분야 첫 ChatGPT 기반 AI진로상담서비스 '진로톡톡' 개발, 매일경제, 2023.04.12.).

이 책의 장점은 다음과 같습니다.

첫째, 정말 쉽습니다. AI도구 경험이 없는 선생님들도 바로 활용하실 수 있습니다.

둘째, 자기주도적이고 개별화된 진로탐색과 진로역량 신장을 가능하게 합니다.

셋째, 수업 시간에 바로 활용이 가능합니다. 학습지 순서대로 활동하시면 됩니다.

넷째, 현직 교사들이 집필했기 때문에 실제 수업에서 생길 시행착오가 비교적 적습니다.

다섯째, 교사와 학생들의 경험의 폭을 넓히고자 다양한 AI도구를 소개하고 있습니다.

어떠신가요? 두렵기도 하지만 당장 인공지능을 진로탐색 수업에 사용하고 싶지 않으신가요? 두려움이 아직 남아있다면 학생들과 함께 그 두려움을 이겨낸다고 생각하셨으면 좋겠습니다. 미래 사회를 살아갈 우리 아이들이 교사의 동반자이니까요.

선생님의 새로운 수업과 도전을 향한 여정! 저희가 응원하겠습니다.

| 차례 |

책에서 활용한 AI 도구들

1) 생성형AI의 대명사: 챗GPT

주소: https://chatgpt.com/

로그인: 구글아이디 or 마이크로소프트아이디 or 애플아이디

- 무료버전에서 처음 몇 개의 대화는 유료 챗GPT4.0버전으로 쓰다가 일정 개수가 넘어
가면 무료 버전으로 넘어간다.

↓

(위와 같은 메시지창이 나온 이후 무료버전으로 답변 생성.)
- 이 책에 나온 수업들은 챗GPT 무료버전에 기반을 둔 활동이다.
- 스마트폰이나 태블릿은 다음 모양의 앱을 다운받으면 실행 가능하다.

(유사한 앱들이 많으므로 공식 챗GPT 모양을 확인하고 다운받
아야 한다.)

2) 한국어 잘 하는 AI: 뤼튼

주소: wrtn.ai

로그인: 네이버아이디 or 구글아이디 or 애플아이디 or 카카오톡아이디

- 네이버에서 만들어서 학생들이 접근하기가 가장 쉽다.
- 스마트폰이나 태블릿은 옆그림 모양의 앱을 다운받으면 실행
가능하다.

3) 그림도 그려주고 누구나 쓸 수 있는 AI: 코파일럿(co pilot)

주소: https://copilot.microsoft.com/

로그인: 마이크로소프트 아이디

혹은

(윈도우 아래 작업창 오른쪽 끝)

혹은

인터넷 포털사이트에서 '코파일럿'이라고 검색-무료버전-마이크로소프트사 계정 필요.

4) 챗GPT가 카톡 속으로: 카카오톡 채널 ASKUP(일명 '아숙업')

- 카카오톡 채널 추가-Askup.

- 카카오톡을 쓰는 누구나 쓸 수 있는 장점.

5) 노래 만들어주는 AI: SUNO AI

주소: suno.com

로그인: 구글아이디 or 마이크로소프트사 아이디 or 애플아이디

- 하루 10곡까지 무료(한번에 2곡 생성).

- 처음 접속시 영어로 나오므로 전체화면 번역을 하면 한국말로 변환.

- 왼쪽 메뉴 'creat(만들다)'를 눌러 '노래설명' 입력창에 원하는 스타일 노래 명령 입력.

- 가사는 자동으로 입력되어 노래가 완성된다.

11

6) 기가 막히게 그림 그려주는 AI: 캔바

주소: https://www.canva.com/

로그인: 구글아이디 or 페이스북 아이디

- 무료버전으로도 사진이나 그림 생성이 가능하다.

7) 5분 만에 작가가 된다구요?: 북크리에이터

주소: bookcreator.com

로그인: 구글아이디 or 마이크로소프트 아이디

- 교사 계정가입 필요.

8) 원영적 사고 GPT

- 인터넷에 '원영적 사고 GPT'라고 검색.

getgpt.app › play

🌸 **원영적 사고** 🌸 GetGPT

원영적사고 GPT 원작자가 말아주는 무료버전 🌸 | **gpt**, AI, **원영적 사고**,
원영적사고 GPT, 무료버전, 한국어 SEO, 인공지능

원영적 사고 GPT 🌸 GetGPT
무엇이든 이야기해봐 **원영적 사고**로 대답해줄게! 럭키비키 원녕이랑 대화하고 긍정 ...

9) 가제트AI

글쓰기 프로그램(주로 블로그나 인스타 글을 자동으로 써주는 기능)

로그인: 구글아이디 or 카카오톡 or 페이스북 아이디

- 무료버전의 경우 30코인이 있으며 글을 쓸 때마다 코인 차감.

- 글쓰기 초안을 작성할 때 이용할 것을 권장한다.

- 이 책에 소개되는 '나를 소개하는 광고문구 만들기' 활동에서는 지급된 코인으로도 얼
  마든지 활동 가능하다.

10) 네이버 Cue(큐), 클로바X

- 큐와 클로바X는 생성형 AI프로그램으로서 만 19세 이상만 활용 가능하다.
- 교사가 자료를 찾거나 생성할 때 활용하면 좋다.
- 큐와 클로바 X화면 접속 후 <승인대기> 버튼을 누름(승인 메일 온 이후 사용).
- 뤼튼보다 더 답변이 정교하나 학생들 사용이 불가능한 것이 단점.

※ 이 책은 주로 **챗GPT**(무료)를 활용하고 있습니다. 챗GPT를 활용할 수 있는 모든 수업은 뤼튼, 코파일럿, 아숙업으로 대체 가능합니다. 학생들이 활용하기 편한 프로그램을 활용하면 됩니다. 여기에 소개되는 프로그램들은 수업 활용을 하면서 편리하게 사용할 수 있어서 소개된 것일 뿐입니다. 되도록 다양한 프로그램을 활용하고 소개하고자 하였습니다. 대체할 유사프로그램이 있다면 얼마든지 그 프로그램을 활용하셔도 무방합니다.

패들렛 활용법

패들렛은 일종의 전자 보드판이고 결과물을 공유할 수 있는 시스템입니다. 학교계정을 사용할 수 있으면 좋지만, 여의치 않을 경우 무료버전을 활용하세요. 무료버전은 3개까지만 게시판을 만들 수 있으므로 보통 무료버전을 쓰는 분들은 게시판을 지우고 생성하고 지우고 생성하고를 반복하십니다. 여러 계정으로 가입하는 것은 가능하니 참고하시기 바랍니다. 기본인 무료버전에 대해 간단히 설명해드릴게요. 처음 쓰시는 분들도 쉽게 하실 수 있습니다(전체화면을 한글로 번역해서 보시면 더 편합니다).

1) 패들렛 접속(padlet.com)-<만들기> 누른 후 화면

2) <블랭크 보드>를 누른 뒤 오른쪽 '벽' 게시판을 클릭
  - 학생들이 칠판에 포스트잇을 붙이는 느낌과 같다.

  - 제목을 쓰고 활용할 게시판을 선택한 다음 <다 했어요>를 누르면 생성된 게시판으로 넘어간다.

3) 맨아랫쪽 더하기➕ 버튼을 누르면 교사도 패들렛에 의견 부착이 가능

- 글을 써도 되고, 사진이나 동영상, 링크 첨부도 가능.
- 글을 쓰기 시작하면 상단 오른쪽에 <출판>이라는 버튼이 생성되면 클릭.

4) 오른쪽 상단 메뉴의 화살표 ●(공유버튼): 학생들에게 게시판 주소를 알려주는 메뉴
   - 눌러보세요. 링크복사로 학생들에게 주소 전달도 되고 QR코드 가져오기를 누르면
     QR로도 보여줄 수 있다.

5) 학생이 QR을 찍거나 링크로 들어온 화면 예시
   - 옆 스마트폰 화면은 학생이 링크를 타고 들어와서 접
     속하면 보인다.
   - 학생 역시 맨 아래 있는 더하기 ● 버튼을 누르고 게시물
     을 생성하여 패들렛에 게시 가능하다.

6) 패들렛 활용 실제 수업 게시물 화면

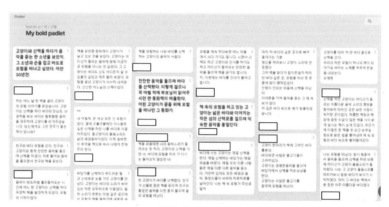

(저자 조설아 수업)

7) 학생들이 발표할 때 오른쪽 상단 메뉴 화살표(공유 버튼) 누르기

- 메뉴 중 슬라이드쇼를 누르기.

- 한 작품씩만 크게 보면서 발표 가능.

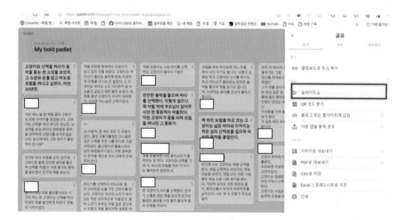

1) 구체적으로 질문하라

부산 여행계획을 세워 줘.(X)

→ 8월 20일부터 2박 3일 부산해운대로 45세 아빠, 40세 엄마, 8세 초등학생 아들, 3
명의 가족이 여행을 가고자 해. 숙소는 해운대 호텔이야. 이런 가족에게 적합한 2박
3일 부산여행계획을 세워줘.(O)

☞ 구체적인 질문일수록 상세할 뿐더러 조건 맞춤형 답변이 나옵니다. 가족 사항을 입
력했을 때 가족 모두가 즐길 수 있는 곳, 아이를 위한 계획 등을 추가로 말해주었습
니다.

2) 챗GPT에게 역할과 임무를 제안하라

<역할 제시 예시>

① 상담자 역할 제시: 나는 대한민국 고등학교 3학년 남학생이야. 대학 진학을 앞두고
고민이 있어. 네가 상담자 역할을 해주렴.

② 토론 상대방 역할 제시: 나는 중학교 3학년 여학생이야. 주말에는 친구들과 더 많이
놀고 싶은데 부모님이 귀가 시간을 저녁 7시로 해서 불만이야. 나는 저녁 8시에 들
어가고 싶어. 네가 부모님 역할을 하면서 나랑 토론을 해줘. 내가 먼저 이야기할게.
내 이야기가 끝나면 네가 이야기해. 번갈아 가면서 대화해야 해. 너 혼자 다 이야기
하면 안 돼. 알았지? "아빠, 저는 주말에는 스트레스를 풀고 더 놀고 싶어요. 저녁 8
시로 귀가 시간을 늘려주세요."

③ 면접관 역할 제시: 나는 영어영문학과 지원하려는 고등학교 3학년 학생이야. 영어
영문학과 면접을 너와 준비하고 싶어. 네가 면접관 역할을 하면서 나에게 질문을
해줘.

3) 예시안을 들어줘라.

- 10대 청소년들의 우정에 관한 에세이를 썼는데 적절한 제목을 지어줘. 그리고 제목

의 형식은 예를 들면 '나의 우정', '우정의 형식' 이런 식으로 단어와 단어 사이에 '의' 자가 들어가야 해.

4) 한 번의 질문으로 끝내지 말고 답변에서 부족한 점을 보완하거나 수정해달라고 몇 번 더 요구하라

- 사람과 대화하는 것과 같습니다. 대화도 주고받고 하는 것처럼 챗GPT와도 '티키타 카'를 한다고 생각하면 됩니다.

생성형AI 활용 진로수업안

1. 챗GPT와 진로상담을!

1) 나의 진로 고민을 적어봅시다.

```
┌ ─ ─ ─ ─ ─ ─ ─ ─ ─ ─ ─ ─ ─ ─ ─ ─ ─ ─ ─ ─ ┐
│                                          │
│                                          │
│                                          │
│                                          │
│                                          │
│                                          │
│                                          │
│                                          │
└ ─ ─ ─ ─ ─ ─ ─ ─ ─ ─ ─ ─ ─ ─ ─ ─ ─ ─ ─ ─ ┘
```

〈고민 예시〉

- 뭐든지 나보다 잘하는 친구를 보면 질투가 나서 힘들어.

- 공부를 안 하고 부자가 될 수 있니?

- 프리랜서로 살아도 생계를 유지하고 살 수 있을까?

- 공부할 때마다 5분 뒤에 딴생각이 들어 고민이야.

- 부모님의 기대 때문에 숨이 막혀.

- 잘하는 것을 진로로 삼아야 할까, 좋아하는 것을 진로로 삼아야 할까?

- 영어를 잘해야 취업이 잘되는데 회화 능력을 끌어올리는 방법은?

2) 고민 중 1개를 골라 챗GPT에게 물어보고 상담해봅시다.

〈챗GPT와 상담 시 주의사항〉

① 고민을 한 번만 물어보지 말고 계속 대화를 이어나가야 합니다. 누군가와 상담할 때 대화를 주고받는 것과 같습니다. 질 좋은 답변을 들으려면 자신이 입력한 질문 혹은 대화문이 최소 5번 이상은 되어야 합니다.

② 예시문과 같이 구체적으로 질문할수록 좋은 답변을 얻을 수 있습니다.

③ 자신을 소개하고 고민을 적은 뒤 챗GPT에게 상담자 역할을 해달라고 요구하면 더 상담이 잘 이뤄집니다.

〈질문 예시안〉

나는 열일곱 살 대한민국 고등학교 학생이야. 내 고민은 다른 과목에 비해 수학 성적이 너무 낮다는 거야. 수학이 낮으면 성적 평균이 올라가지 않아. 네가 내 고민의 상담자 역할을 해주렴.

3) 내가 상담할 고민은?

4) 챗GPT의 답변 중 나에게 새로운 시각을 갖게 해 준 말 혹은 꽤 괜찮아
  보이는 해결책, 긍정적인 느낌을 주는 답변, 왠지 모르게 끌리는 답변이
  무엇이었는지 적어보고, 그 이유를 적어봅시다.

☞ 챗GPT 답변 중 맘에 들었던 답변을 요약하여 기록

그 이유는

5) 짝꿍과 챗GPT와 진로 고민을 상담한 경험을 공유해봅니다.

<더 보기 영상>

https://www.youtube.com/watch?v=N5s4CXMGKBo
- 올바른 결정을 하는 4가지 방법(3분 19초)

챗GPT와 진로상담한 대화를 읽어보니 어떤 생각과 느낌이 드나요? 완벽하지는 않지만, 학생들이 갖는 보편적인 진로 고민에 대해서는 객관적인 정보를 최대한 찾아주면서 새로운 시각으로 해결책을 찾을 수 있게 돕는 장점이 있습니다. 혹시 내가 놓치고 있는 부분을 챗GPT가 말해주는지 검토해보고 꼬리에 꼬리를 무는 질문을 하면서 '티키타카'를 하는 것이 중요합니다. 최대한 긍정적인 부분을 찾으면서 챗GPT의 답변 중 검토해서 적용할 것을 발견하고 대화를 계속 이끌어간다면 의외의 수확(?)을 거둘 수 있습니다. 챗GPT의 답변 중 더 알아보고 싶은 것이 있다면 다른 포털사이트 등을 통해 정보를 검색해서 찾아보면 좋습니다.

챗GPT 진로수업 선생님 tip!

1. 학생들이 최소 5번 이상 대화문을 입력할 수 있게, 즉 챗GPT와 대화를 연속으로 주고받을 수 있게 조언해주세요.

2. 챗GPT의 정보는 항상 크로스체킹이 필요합니다. 정확한 정보인지 다른 자료들을 통해 검증해보라고 강조해주세요.

2. 챗GPT와 함께 만드는 '인생극장'

아주 오래전에 '인생극장'이라는 예능프로그램이 있었습니다. 주인공이 두 갈래 선택의 갈림길에서 '그래 결심했어!'를 외치면서 선택을 하고 선택된 인생의 항로를 드라마로 보여주는 형식이었습니다. 시청자 입장에서는 A인생, B인생을 모두 볼 수 있지만, 실제 삶에서는 모든 선택을 다 경험해볼 수 없습니다. 챗GPT를 활용해 우리도 '인생극장' 드라마를 한 번 만들어보면서 선택의 과정과 결과를 상상해 봅시다.

1) 다음 상황을 읽어봅니다.

재경은 엄마와 서울대학로에서 연극을 본 뒤 연극의 매력에 푹 빠지게 되었고, 연극연출가의 꿈을 갖게 되었다. 그러나 부모님은 평범한 회사원이 되기를 바라신다. 재경은 어떻게 해야 할까? 재경은 자신의 꿈을 위해 부모님의 반대를 무릅써야 할지, 부모님의 뜻대로 연극을 포기해야 할지, 고민에 빠졌다. 두 가지 상반된 선택에 대한 결과를 알 수 있을까?

〈인생극장 A, B〉

인생극장 A) 그래 결심했어!

　　　　　부모님 뜻에 따라 경영학과에 진학한 뒤 회사원이 되는 거야!

인생극장 B) 그래 결심했어!

　　　　　부모님 뜻보다는 내 뜻대로 살 거야. 연극연출가가 되겠어!

2) A와 B상황 대해 챗GPT를 활용해 각각의 소설 1,000자를 써봅시다. 단 소설 중간에 반드시 시련과 고난, 역경 등 어려운 상황을 3개 넣어달라고 요구해야 하고, 결말은 무조건 해피엔딩으로 해달라고 요구합니다.

• 조건: 소설 속에 주인공의 역경이 3개 있어야 함, 결말은 무조건 해피엔딩

〈챗GPT 입력 예시안(인생극장 A)〉

내가 상황을 줄 테니 소설 1000자를 써줘. 상황은 다음과 같아. 중간 정도의 성적을 가진 평범한 학생 재경은 엄마와 서울대학로에서 연극을 본 뒤 연극의 매력에 푹 빠지게 되었다. 그래서 연극을 만드는 사람이 되기로 결정했고, 연극연출가의 꿈을 갖게 되었다. 부모님께 이 말씀을 드리자, 연극은 배고픈 직업이며, 평범하게 회사에 취직했으면 좋겠다고 결사 반대하셨다. 재경은 연극을 한다고 누구나 힘든 것은 아니며 연극해서 돈을 많이 벌고 성공한 사람도 있다면서 부모님과 대립각을 세우고 있다. 재경이가 부모님 뜻대로 경영학과 진학해서 회사원으로 사는 거야. 이 와중에 고난과 역경을 세 가지 정도 겪도록 해줘. 하지만 결말은 해피엔딩으로 끝나야 해.

인생극장A) 부모님 뜻대로

시련 3가지

①

②

③

해피엔딩 내용

---

3) 인생극장 A와 B와 상관없이, 자기가 써보고 싶은 내용으로 챗 GPT를 활용하여 소설을 1,000자로 써 봅시다. 단 결론은 늘 해피엔딩이어야 합니다.

 - 주인공이 나중에 연극연출가가 되어도 되고, 다른 직업으로 성공해도 됨.

 - 조건을 구체적으로 명시하여 명령하면 좋음.

 - 내가 넣고 싶은 조건들을 생각해볼 것.

 - 챗GPT에게 소설을 써달라고 부탁하고 읽어본 뒤 더 보충하고 싶은 내용이 있다면 추가로 요

   구해볼 것.

내용 구상 메모

<예시>

- 내가 쓰고 싶은 이야기

- 버전1. 회사원으로 살면서 연극에 미련을 못 버려 회사원 연극동아리 활동을 하며 살아감. 회사원으로 살아가지만, 연극에 대한 갈증 해소.
- 버전2. 부모님께 서른 살까지 연극을 해본 뒤 경제적으로 안정되지 않으면 기술을 배워 취업하겠다는 계획을 밝힘.
- 버전3. 재경이가 부모님 뜻을 꺾고 연극인이 되지만, 결국 성공하지 못하고 다른 직업을 찾아 그 직업에서 성공함. 직업은 챗GPT가 정하는 것으로.

4) 챗GPT가 쓴 소설의 내용을 정리해봅시다.

이야기를 하나 들려줄게. "중간 정도의 성적을 가진 평범한 학생 재경은 엄마와 서울대학로에서 연극을 본 뒤 연극에 매력에 푹 빠지게 되었다. 그래서 연극을 만드는 사람이 되기로 결정했고 연극연출가의 꿈을 갖게 되었다. 부모님께 이 말씀을 드리자, 연극은 배고픈 직업이며, 평범하게 회사를 취직했으면 좋겠다고 결사 반대하셨다. 재경은 연극을 한다고 누구나 힘든 것은 아니며 연극해서 돈을 많이 벌고 성공한 사람도 있다면서 부모님과 대립각을 세우고 있다. 부모님 뜻을 꺾지 못한 재경은 회사원이 되었지만 연극동아리를 하며 살아간다." 이 내용을 갖고 소설 1000자를 써줘. 재경이가 행복해지는 결말로 써줘.

5) 모둠을 구성해봅시다. 모둠원들과 창작한 소설 내용을 공유해봅니다. 비슷한 이야기가 있습니까? 나와 관점이 같은 사람이 있습니까? 전혀 다른 관점을 가진 사람도 있습니까?

6) 모둠 이야기 중 가장 재밌고 멋진(혹은 감동이 있거나 특색있는) 이야기를 뽑습니다.

7) 학급 전체로 발표합니다.

8) 다음 글을 읽고 인생의 성공과 행복을 만드는 요소는 무엇인지 생각해 봅시다.

오늘 수업시간에 인생 두 갈림길 소설 만들기는 결말을 주인공이 행복하게 하는 것으로 만들었습니다. 어떤 선택을 하든 성공과 행복으로 만드는 가장 중요한 요소는 주인공의 (ㅌ ㄷ)에 달려 있습니다. 진로 결정도 마찬가지입니다. 그 어떤 선택을 하든 인생을 살아가는 것은 나 자신입니다. 부모님의 말씀을 거역했다고 잘되는 것도, 잘못되는 것도 아닙니다. 반대로 부모님의 말씀을 따른다고 해서 불행해지는 것도 행복해지는 것도 아닙니다. 어떤 선택을 하든지 예상되는 것들을 꼼꼼하게 점검해보고 결단을 내리면 됩니다. 인생의 여러 가지 변수들을 어떻게 이롭게 이용할지를 결정하면 됩니다. 우연한 사건들은 통제할 수 없지만, 사건들에 대한 나의 (ㅌ ㄷ)와 행동은 통제할 수 있습니다.

*정답: 태도

챗GPT 진로수업 선생님 tip!

1. 이 수업의 목적은 어떤 선택을 하든 자신의 태도에 따라 행복한 인생을 살 수 있음을 깨닫게 하는 것입니다.
2. 어떠한 삶이든 고난과 역경, 즐거움과 행복은 공존하며 특정 직업이 행복과 성공을 보장하는 것은 아니란 점도 깨닫게 하는 데 목적이 있습니다.

3. 한 직업 다른 인생: 가치관

1) 직업가치관 검사를 해봅니다. 커리어넷이나 워크넷 둘 중 하나에서 실시합니다.

① 커리어넷 접속-진로심리검사-중고등학생용-직업가치관 검사(청소년)

❙ 직업가치관검사 주요 결과

1. 홍길동님의 검사결과		
검사결과 상위직업가치관	사회적 인정	
	영향력	
	도전성	
내가 중요하게 생각하는 직업가치관	영향력	
	사회적 인정	
	도전성	

② 워크넷 접속-직업진로-직업심리검사-청소년심리검사실시-직업가치관 검사

2 직업가치관검사 결과

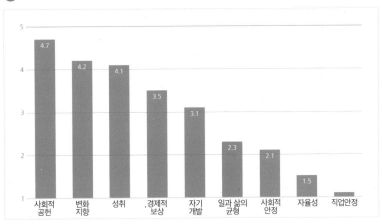

2) 가치관 검사 결과 중 1위의 가치관을 고르세요. 그리고 현재 가장 관심 있는 직업을 하나 생각해봅니다. 그리고 챗GPT에게 다음과 같이 첫 질문을 하고 대화를 나눠봅니다.

〈질문예시〉

나는 '변화지향'이라는 가치관을 갖고 살고 싶어. '변화지향'은 업무가 고정되어 있지 않고 변화 가능한 것을 중요하게 여기는 태도야(가치관에 대해 설명해줄 것. 커리어넷이나 워크넷에 설명이 나와 있으며, 인터넷 검색이나 챗GPT에서 물어봐서 뜻을 미리 알고 있어야 함). 그리고 나는 '수학교사'라는 직업에 관심이 있어. '변화지향'을 추구하는 수학교사는 어떤 모습으로 직업생활을 하는지 말해줘.

〈예시화면〉

나는 '변화지향'이라는 가치관을 갖고 살고 싶어. '변화지향'은 업무가 고정되어 있지 않고 변화 가능한 것을 중요하게 여기는 태도야.(가치관에 대해 설명해줄 것. 커리어넷이나 워크넷에 설명이 나와있으며, 인터넷 검색이나 챗지피티에서 물어봐서 뜻을 미리 알고 있어야 함) 그리고 나는 '수학교사'라는 직업에 관심이 있어. '변화지향'을 추구하는 수학교사는 어떤 모습으로 직업생활을 하는지 말해줘.

'변화지향'이라는 가치관은 업무나 환경이 고정되어 있지 않고, 변화가 가능하며 그에 따라 발전해 나가는 것을 중요시하는 태도를 의미합니다. 이는 새로운 아이디어나 접근 방식을 적극적으로 받아들이고, 새로운 도전에 대한 열린 태도를 갖는 것을 내포합니다.

수학교사로서 '변화지향'을 추구하는 사람은 다음과 같은 특징을 보일 것입니다:

1. 혁신적인 교수법 채택: 새로운 학습 방법이나 교육 기술을 탐구하고 도입하는 데 열린 태도를 갖습니다. 예를 들어, 혁신적인 수업 계획을 개발하거나 기존 교과과정에 새로운 요소를 통합하여 학생들의 학습 경험을 향상시킵니다.

2. 학습 환경의 다양성 증진: 학생들의 다양한 학습 스타일과 수준을 고려하여 수업을 설계하고, 적응형 학습 방법을 채택하여 모든 학생들이 수학을 효과적으로 이해할 수 있도록 돕습니다.

3. 지속적인 전문성 개발: 수학 교육 분야의 최신 동향을 파악하고, 전문성을 향상시키기 위해 꾸준히 학습하는 노력을 기울입니다. 새로운 교육 자료나 기술을 적용하고, 학생들의 학습 결과를

분석하여 개선점을 찾아내기 위해 노력합니다.

4. **학생 참여 촉진**: 학생들이 수업에 적극적으로 참여할 수 있도록 환경을 조성하고, 학생들의 의견을 존중하며 수용합니다. 수업을 보다 대화형으로 진행하여 학생이 자신의 생각을 표현하고 공유할 수 있는 기회를 제공합니다.

이러한 방식으로 '변화지향'적인 수학교사는 학생들의 학습 경험을 최적화하고, 지속적인 발전을 통해 교육 환경을 개선하는 데 기여할 것입니다.

> 와 고마워. 혁신적인 교수법 채택 좋다. 수학을 가르칠 때 혁신적인 교수법의 사례를 말해줘.

물론입니다! 혁신적인 교수법의 수학 교육에 적용할 수 있는 몇 가지 사례는 다음과 같습니다:

1. **문제 해결 중심 학습 (Problem-Based Learning, PBL)**: 학생들에게 실제 문제를 제시하고, 그 문제를 해결하기 위해 필요한 수학 개념과 기술을 습득하도록 유도합니다. 학생들은 협력하여 문제를 해결하고, 이를 통해 수학 개념을 실제 상황에 적용하고 응용하는 능력을 키울 수 있습니다.

2. **게임 기반 학습 (Game-Based Learning)**: 수학 게임을 활용하여 학생들이 수학 개념을 재미있게 학습할 수 있도록 돕습니다. 게임을 통해 학생들은 문제 해결 능력을 강화하고, 수학적 사고력을 발전시킬 수 있습니다.

3. **미디어 및 기술 활용**: 인터랙티브한 수학 앱, 온라인 시뮬레이션 및 가상 실험을 활용하여 학생들이 수학 개념을 시각적으로 이해하고 체험할 수 있도록 돕습니다. 이를 통해 수학 학습의 흥미를 유발하고, 학생들의 학습 동기를 증진시킬 수 있습니다.

4. **창의적인 활동과 프로젝트 기반 학습**: 학생들에게 수학적 문제를 해결하고 수학적인 발견을 할 수 있는 프로젝트를 수행하도록 유도합니다. 예를 들어, 학생들이 자신만의 수학적인 모델을 개발하거나 수학적인 문제를 해결하기 위한 창의적인 접근법을 탐구할 수 있습니다.

이러한 혁신적인 교수법을 통해 학생들은 수학을 보다 흥미롭게 학습하고, 문제 해결 능력과 수학적 사고력을 발전시킬 수 있습니다.

3) 가치관 검사 결과 중 2위의 가치관을 고르세요. 그리고 현재 가장 관심 있는 직업을 하나 생각해봅니다. 그리고 챗GPT에게 다음과 같이 첫 질문을 하고 대화를 나눠봅니다.

〈질문 예시〉

나는 '경제적 보상'이라는 가치관을 갖고 살고 싶어. '경제적 보상'은 일에 대한 정당한 대가로서의 돈을 중요하게 여기는 태도야. 그리고 나는 '수학교사'라는 직업에 관심이 있어. '경제적 보상'을 추구하는 수학교사는 어떤 모습으로 직업생활을 하는지 말해줘.

4) 같은 직업이라고 해도 다른 모습으로 살아갈 수 있다는 걸 이해할 수 있나요?

다음 동영상을 보면서 직업 가치관의 중요성에 대해 생각해봅시다. 동영상 속의 분들은 같은 '의사'라는 직업이지만, 사는 모습은 전혀 다릅니다. 왜 이렇게 다를까요?

https://www.youtube.com/watch?v=OSc9OdyHGkI
기자 조동찬 / 내가 의사 가운을 벗고 기자가 된 이유(3분 26초)

https://www.youtube.com/watch?v=WvgXxn7moaE
[단독] 수술 집도하는 '의료기기 영업사원'··· 버젓이 대리수술
KBS 2023.06.29.(2분 16초)

https://www.youtube.com/watch?v=Y1d-8vOzKqc
구하고 창업하는 의사들··· 의과학자를 만나다
EBS뉴스 2024.02.01.(4분 29초)

https://www.youtube.com/watch?v=ikainEsrcvE
한국인 의사가 만든 최초 응급의료센터··· 카메룬 살리는 정중식 박사
스브스뉴스(4분 53초)

<더 보기 영상>*

https://www.youtube.com/watch?v=dbvQrnZtoWY
유쾌한 3분 심리학 - 계획된 우연 이론(2분 12초)

챗GPT 진로수업 선생님 tip!

1. 특정 직업과 특정 가치관을 연결시키기보다 어떠한 직업을 선택하든 삶의 방향성은 결국 자신의 가치관이 결정한다는 것이 포인트입니다. 예를 들면, '경제적 보상'이라는 가치관을 염두에 둔다면 어떤 직업을 갖든 이를 실현할 수 있는 방향으로 직업생활을 이어갈 것입니다. 인생의 방향도 이에 맞춰지겠지요.

2. 학생들이 진로를 결정할 때 가장 중요한 점은 바로 가치관입니다. 가치관이 무엇인지에 따라 진로설계도가 다르게 그려지는 것입니다.

3. 어떠한 삶이든 고난과 역경, 즐거움과 행복은 공존하며 특정 직업이 행복과 성공을 보장하는 것은 아니란 점도 깨닫게 하는 데 목적이 있습니다.

---

* 어떠한 선택과 상황 속에서도 계획된 우연을 주장하는 존 크롬볼츠는 낙관성과 호기심 등을 갖고 다양한 경험을 하면서 인생을 성공으로 이끌 수 있다고 주장합니다.

4. 생성형AI로 '나의 강점을 광고합니다'

자신을 광고하는 광고문구를 AI프로그램과 함께 만들어봅시다. 우선 자신의 강점을 잘 알아야 나를 광고하겠지요.

1) 자신의 강점이라고 생각하는 것을 생각나는 대로 적어봅시다.

아침에 일찍 일어난다, 수업시간에 집중한다, 유머가 있다, 가족과 사이가 좋다, 수학을 잘한다, 달리기를 잘한다, 피아노를 연주한다, 그림을 잘 그린다, 독서를 많이 한다, 글쓰기를 잘한다, 목소리가 좋다, 교우관계가 좋다, 상상력이 풍부하다, 집안일을 잘 한다, 노래를 잘 부른다, 볶음밥을 잘 만든다 등. 꼭 상을 받거나 남들이 알아줘야만 강점은 아닙니다. 스스로 생각하는 것을 기록해봅니다.

2) 워크넷에 접속하여 간이 홀랜드 검사*를 진행하여 자신의 역량이 잘 드러날 수 있는 분야를 찾아봅시다.

※워크넷-직업진로-직업심리검사-청소년심리검사-흥미로 알아보는 직업탐색검사(Job아드림)

· 검사는 워크넷을 통해 즉시 가능하며, 검사결과는 검사 직후 '검사결과 보기'를 통해 확인해 보실 수 있습니다.
· 검사결과에 대한 문의와 상담은 워크넷에서 '검사결과 상담' 메뉴를 이용하거나 가까운 고용센터 (국번없이 ☎1350(유료))를 통해 서비스 받아보시기 바랍니다.

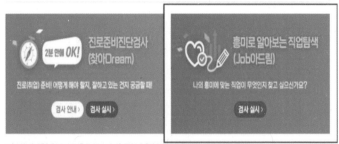

---

* 미국 존 루이스 홀랜드 박사가 개발한 것으로, 자신의 직업적 흥미를 탐색하고 이를 토대로 효율적인 진로를 설계할 수 있도록 6개 유형으로 나눠 직업 흥미에 적합한 직업과 학과에 대한 정보를 제공해준다.

자신의 흥미 유형을 2개 고르고 어떤 특징이 있는지 간단히 기록해봅시다.

〈예시〉

탐구형-관찰, 사고, 탐구 / 진취형-훈련, 지도, 설득

- 결과보기를 누릅니다.

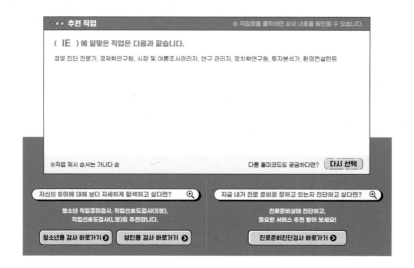

- 추천직업을 기록합니다.

3) 가제트 AI(gazet.ai)*에 접속합니다.

4) 왼쪽 메뉴 중 '광고 카피라이팅'을 클릭합니다.

---

* 챗GPT를 활용하여 광고문구를 만드는 것도 가능합니다. 여의치 않을 경우 챗GPT를 활용하셔도 됩니다만 이런 글쓰기 프로그램의 경우 명령어를 간단히만 입력해도 결괏값이 나오는 편리함이 있습니다. 글쓰기AI라고 검색하시면 몇 가지 프로그램들을 더 발견하실 수 있습니다.

5) 다음을 입력합니다. 핵심내용을 입력할 땐 워크넷 검사 결과를 참고해도 됩니다.

· 제품/브랜드 이름: 사람/본인 이름
· 핵심내용: 본인의 강점, 장점, 자랑하고 싶은 특기, 잘하는 것(워크넷 흥미 유형 2개 특징을 기록해 됨) 관심있는 직업(워크넷 검사를 통해 나온 직업명을 기록해도 됨) 등

6) 생성하기 버튼을 누릅니다. 마음에 드는 생성된 광고문구를 기록하거나 복사하여 컴퓨터 등에 저장합니다.

7) 다른 핵심내용을 넣어 몇 번 더 시도해봅니다.

8) 가제트 AI가 생성한 나를 표현하는 광고문구 중 맘에 드는 것을 3개 고릅니다.

그대로 써도 좋지만, 자신의 상황에 맞춰 수정해서 완전한 광고문구로 재탄생시켜봅니다. 재탄생시킬 때 챗GPT의 도움을 얻어도 괜찮습니다.

<나 _____를 광고합니다.>

<나 _____를 광고합니다.>

<나 _____를 광고합니다.>

9) 가장 마음에 드는 광고문구를 고릅니다. 패들렛 등을 통해 공유합니다.

10) 반 전체 한 명씩 돌아가면서 광고문구를 읽게 합니다. 친구가 자신의 광고문구를 읽고 나면 나머지 친구들은 반드시 박수를 치고 긍정적인 반응만을 해야 합니다.

챗GPT 진로수업 선생님 tip!

1. 이 수업의 목적은 자신의 강점을 생각해봄으로써 이것을 자랑스럽게 생각하는 태도를 기르게 하는 것입니다. 상을 받거나 1등을 하지 않더라도 강점이 될 수 있음을 학생들이 인식하게 해주세요.

2. 강점을 더 기를 수 있는 세부 실천 방안을 추가적으로 챗GPT와 탐색해서 실천하게 할 수도 있습니다.

5. 챗GPT와 '나를 SWOT분석하기'

이 시간에는 코파일럿(co pilot) 프로그램을 활용해보겠습니다.

1) SWOT분석에 대해 코파일럿에게 질문해보면서 알아봅시다.

👤 **당신**

SWOT분석에 대해 한국말로 설명해주기 바랍니다

✓ 답변 생성 중...

물론입니다! **SWOT 분석**은 조직이나 프로젝트의 **강점(Strengths)**, **약점(Weaknesses)**, **기회(Opportunities)**, ****위협(Threats)****을 평가하는 전략적 계획 도구입니다. 각 요소는 다음과 같습니다:

- **강점(Strengths)**: 조직이 잘하는 것, 경쟁 우위를 제공하는 내부 요인.
- **약점(Weaknesses)**: 개선이 필요한 내부 요인, 조직의 약점.
- **기회(Opportunities)**: 외부 환경에서 조직이 활용할 수 있는 유리한 조건.
- **위협(Threats)**: 외부 환경에서 조직의 성공을 방해할 수 있는 요인.

이 분석을 통해 조직은 전략적 결정을 내리고, 경쟁력을 강화할 수 있습니다. 도움이 필요하면 언제든지 말씀해 주세요!

2) SWOT분석이란 무엇인지 동영상을 보고 확실하게 이해합니다.

https://www.youtube.com/watch?v=Pn8V0P3adDk(4분 23초)
SWOT분석

https://www.youtube.com/watch?v=jVsM7uvGy64(6분 16초)
대학생이 자신이 현재 상황에 맞춰 어떻게 공부할 것인지 분석한 것이라
SWOT분석에 대해 쉽게 이해 가능합니다.

3) SWOT분석에 대해 자료를 읽어보고 정리해 봅시다.

https://namu.wiki/w/SWOT%20%EB%B6%84%EC%84%9D

S(strength)	내부적으로 유리한 ( )점
W(weakness)	내부적으로 불리한 ( )점
O(opportunity)	외부적인 ( )회
T(threat)	외부적인 ( )협

*정답: 강, 약, 기, 위

4) 나 자신을 SWOT분석해 봅시다. 각 영역 당 3~5개를 생각해서 적어봅시다. O와 T는 잘 생각나지 않으면 코파일럿의 도움을 받아봅시다. 코파일럿이 제시한 것을 그대로 적어도 되지만, 혹시 자신의 특수한 상황에 맞는 기회와 위협이 있다면 기록합니다.

S(나 자신의 강점)	W(나 자신의 약점)
O(외부 기회)	T(외부 위협)

👤 당신

고등학교 1학년 남학생이야. 나 자신에 대한 SWOT분석을 하고 있어. 고등학교 1학년 남학생에게 외부적 기회O는 무엇이 있을지 말해줘.

5) SWOT분석을 한 뒤 이를 보완할 전략을 세워야 합니다.

보통 SO전략, ST전략, WO전략, WT전략입니다. 이에 대해 알아봅시다.

〈SWOT 믹스〉*

내부 요인 두 가지와 외부 요인 두 가지를 연결하여 총 네가지 전략을 세울 수 있
다. 사실 이것이야말로 SWOT 분석의 목적이라고 할 수 있으며, 품질 좋은 컨설팅
은 여기서 승부가 갈린다. 아무리 매트릭스를 그럴싸하게 채웠어도 그걸 바탕으
로 전략을 도출하지 못한다면 매트릭스를 채우는 의미가 없다.

　　SO 전략: 강점을 살려 기회를 잡는 전략.

　　ST 전략: 강점을 살려 위기를 극복하는 전략.

　　WO 전략: 약점을 보완하여 기회를 잡는 전략.

　　WT 전략: 약점을 보완하여 위기를 돌파하는 전략.

---

*출처: 나무위키(https://namu.wiki/w/SWOT%20%EB%B6%84%EC%84%9D)

6) SWOT분석을 바탕으로 '나 자신의 발전을 위한 SWOT전략'을 세워봅시다.
자신의 S(강점)를 1개 고릅니다. 그리고 O(기회)를 1개 고릅니다. 이에 대한
SO전략을 코파일럿에게 세워달라고 물어봅니다. 다음의 예시를 참고하세요.

👤 **당신**

나는 나 자신에 대한 SWOT분석을 했어. S는 일찍자고 일찍일어난다는 것이야. O는 학교 도서관에 진로에 관한 다양한 책이 많다는
것이야. 이를 활용해 나 자신의 발전을 위해 SO전략을 5개만 세워줘.

🪽 **Copilot**

웹 사용 ∨

✓ 답변 생성 중...

멋진 분석이네요! 강점과 기회를 잘 활용하면 더 큰 성장을 이룰 수 있을 거예요. 여기 당신의 강점(S)과 기회(O)를 활용한 SO 전략 5
가지를 제안해 드릴게요:

1. **아침 시간 활용**: 일찍 일어나는 습관을 활용해 아침 시간을 독서 시간으로 활용하세요. 학교 도서관에서 진로 관련 책을 읽으며
   하루를 시작하면, 하루 종일 동기부여가 될 거예요.

2. **독서 계획 세우기**: 도서관에 있는 진로 관련 책들을 목록으로 만들어 매주 한 권씩 읽는 목표를 세우세요. 이를 통해 다양한 진로
   정보를 습득하고, 자신의 목표를 구체화할 수 있을 거예요.

3. **독서 모임 조직**: 학교 친구들과 함께 진로 관련 독서 모임을 조직해보세요. 서로의 생각을 공유하고 토론하면서 더 깊이 있는 이
   해와 다양한 관점을 얻을 수 있을 거예요.

4. **독서 노트 작성**: 읽은 책의 내용을 정리하고, 자신의 생각을 기록하는 독서 노트를 작성하세요. 이를 통해 자신의 진로에 대한 생
   각을 체계적으로 정리하고, 나중에 참고할 수 있는 자료로 활용할 수 있어요.

- 코파일럿이 제시한 전략을 토대로 수정해서 새로운 전략을 세워도 되고
  코파일럿에 제시한 전략을 활용해도 됩니다. 이런 식으로 SO전략 ST전략
  WO전략 WT전략을 2개씩 세워봅니다.

SO전략	
ST전략	
WO전략	
WT전략	

<추가활동>

세운 전략을 잘 지킬 수 있는 세부 실천 과제에 대해 코파일럿에게 질의해봅니다.

예를 들면, SO전략 중 '도서관에 있는 진로 관련 책을 매주 1권씩 읽는다'를 잘 지

킬 수 있는 세부 실천 과제를 코파일럿에게 물어봅시다.

Copilot

웹 사용 ∨

✓ 답변 생성 중...

좋은 전략을 세우셨네요! 이 전략을 잘 지킬 수 있도록 도와줄 세부 실천 과제 5가지를 추천해 드릴게요:

1. **독서 시간 정하기**: 매주 특정 요일과 시간을 정해 도서관에 가서 책을 읽는 시간을 확보하세요. 예를 들어, 매주 수요일 오후 4시부터 5시까지 도서관에서 독서하는 시간을 가지는 것입니다.

2. **독서 목표 설정**: 매주 읽을 책의 분량을 정하고, 목표를 설정하세요. 예를 들어, 매주 한 권의 책을 읽는 것을 목표로 하고, 매일 20페이지씩 읽는 계획을 세우는 것입니다.

3. **독서 기록 작성**: 읽은 책의 내용을 요약하고, 자신의 생각을 기록하는 독서 일지를 작성하세요. 이를 통해 책의 내용을 더 잘 이해하고, 나중에 다시 참고할 수 있습니다.

4. **독서 모임 참여**: 친구들과 함께 독서 모임을 만들어 서로 읽은 책에 대해 토론하고, 의견을 나누세요. 이를 통해 다양한 관점을 얻고, 독서에 대한 동기부여를 받을 수 있습니다.

6. 챗GPT와 미니 습관 만들기

1) 다음은 『습관의 재발견』책을 소개하는 내용입니다. 영상을 보면서 중요하다고 생각하는 내용을 메모하면서 시청합니다.

https://www.youtube.com/watch?v=hJPUegU1eBE
습관 만들기! 100%에 도전한다! 2021년 새해, 하얀소띠해! 더 이상의 작심삼일은 없다! (책 리뷰-습관의 재발견)(9분7초)

메모

2) 자신이 지금 가장 해결하고 싶은 문제(혹은 문제와 관련한 목표) 1개를 씁니다.

〈예시〉

매일 운동해서 체력 증진하고 싶다. 혼자서 공부하는 습관이 없다. 스마트폰을 너무 자주 본다. 수업시간에 집중하지 않는다. 5kg을 빼고 싶다. 패스트푸드를 너무 많이 먹는다.

3) 위에서 적은 문제를 해결하기 위해서는(혹은 목표를 달성하기 위해서는) 어떤 세부 행동을 해야 합니까? 생각해서 3개 정도 기록해보세요.

<예시>

'혼자서 공부하지 않는다'라는 문제해결을 위해서(혹은 혼자서 공부하겠다라는 목표 달성을 위해) 해야 할 세부 행동들.

- 숙제 이외에 나만의 학습 계획을 세워 실천하기, 매일 학원과 학교에서 하는 것 말고 국영수 공부하기, 1주일에 1권씩 책 읽기, 매일 '혼공'시간 3시간 확보하기, 스마트폰 보는 시간 줄이기, 스마트폰 없애기 등.

4) 다음 글을 읽고 생각해봅시다.

스티븐 기즈는 멋진 몸을 갖기 위해 운동을 하겠다는 계획을 세웠지만, 번번이 실패했습니다. 하지만 매일 팔굽혀펴기 1개만 하자는 계획을 세웠고 1개를 꾸준히 하기 시작하자 1개가 2개가 되고 3개가 되고 10개가 되면서 매일 매일 팔굽혀펴기를 비롯한 각종 운동을 하면서 멋지고 건강한 몸을 갖게 되었습니다.

문제를 해결하기 위해, 혹은 목표를 달성하기 위해 가장 작은 행동 1개를 선정해야 합니다. 정말 보잘것없고 작지만 매일 할 수 있는 것을 정하세요. 만약 수학성적 올리기가 목표라면 매일 수학문제 10개 풀기도 어렵습니다. 사람에 따라 상황에 따라 다르지만 그 날 수업시간에 배운 수학교과서 읽기(문제 풀기가 아님)가 될 수도 있습니다. 수학교과서 문제 1개 풀기가 될 수도 있습니다. 영어단어를 외워야 하는데 매일 외우고 있지 않다면 영어단어장을 펼치고 영어단어 1개 읽기가 될 수도 있습니다. 1개 외우기일 수 있습니다.

가장 명심해야 할 점은 매일 해야 한다는 것입니다. 운동을 싫어하는데 운동을 해야 한다면 헬스장 등록하기보다, 거실 1바퀴 돌기, 플랭크 3초 하기가 나을 것입니다. 핵심은 심리적인 저항감을 없애는 겁니다. 우리의 뇌는 하지 않던 일을 하려면 심각한 거부반응을 일으킵니다. 그래서 결국 원래대로 돌려놓으려고 하죠. 그러므로 새로운 행동을 습관으로 붙이려면 저항감이 없는 아주 작은 행동이어야 하고 일종의 '미니습관'이어야 합니다. 스티븐 기즈는 이 경험을 토대로 '습관의 재발견'이라는 책을 썼습니다.

5) 목표를 이루기 위한 미니습관들을 생각해봅시다. 챗GPT의 도움을 얻어봅시다.

   ① 챗GPT에게 스티븐 기즈의『습관의 재발견』책 줄거리를 말해달라고 합니다.*

   ② 자신의 목표를 말하고 이 목표에 맞게 미니습관을 추천해달라고 하세요.

> 나는 1주일에 1권의 책을 읽는 사람이 되고 싶어. 이 목표를 달성하기 위해 스티븐 기즈의 습관의 재발견에 나온 것처럼 아주 작은 습관 목표부터 세우고 실천하고 싶어. 아주 작은 습관 목표 3개만 추천해줘.

> 🌀 1주일에 1권의 책을 읽는 목표를 달성하기 위해, 아주 작은 습관 목표부터 시작하는 것은 훌륭한 접근입니다. 스티븐 기즈의 *〈습관의 재발견〉*에서 제시하는 원칙에 따라, 다음과 같은 작고 실천 가능한 습관 목표를 설정할 수 있습니다:

---

*이 작업은 챗GPT에게 스티븐 기즈가 제시한 습관 만들기에 대해 한번 더 학습하게 만드는 작업이라고 보시면 됩니다.

1. 매일 10분 책 읽기

- **설명**: 매일 일정한 시간을 정해놓고 최소한 10분 동안 책을 읽는 습관을 기릅니다. 이 시간 동안은 책을 읽는 데만 집중하고 다른 일을 하지 않습니다.
- **실천 방법**: 매일 자정 전에 책을 읽을 시간을 정해놓고, 그 시간을 지키는 것이 중요합니다. 예를 들어, 저녁 식사 후나 잠자기 전 10분을 활용할 수 있습니다.

2. 책 읽기 목표 설정 및 기록하기

- **설명**: 매주 읽어야 할 책의 목표를 설정하고, 이를 기록합니다. 독서 계획을 시각적으로 확인할 수 있도록 매일 읽은 페이지 수나 시간을 기록하는 습관을 들입니다.
- **실천 방법**: 주간 독서 목표를 달성하기 위해 책의 페이지 수를 매일 기록하거나 독서 일지를 작성합니다. 이를 통해 진행 상황을 체크하고 동기를 부여받을 수 있습니다.

3. 독서 환경 만들기

- **설명**: 책을 읽기 좋은 환경을 조성하여 독서에 집중할 수 있는 공간을 만듭니다. 독서 시간을 정해두고, 그 시간에는 다른 distractions를 최소화합니다.
- **실천 방법**: 조용한 독서 공간을 마련하거나, 독서 시간을 정해두고 그 시간 동안 스마트폰을 멀리 두고, 편안한 의자나 조명을 준비하는 것이 좋습니다.

이 세 가지 작은 습관 목표를 통해 책 읽는 습관을 형성하고, 점차 독서 시간을 늘려가면서 1주일에 1권 읽기 목표를 달성할 수 있을 것입니다. 시작할 때는 작은 것부터 실천하여 점차 습관을 확립하는 것이 중요합니다.

③ 챗GPT가 추천한 미니습관들

나는 수학 기말고사 90점 이상 받기-를 목표하고 싶어. 매일 수학공부를 해야 하는데 잘 안되는데. 수학 기말고사 90점 이상 받기-를 위한 미니습관 5개만 추천해줘.

수학 기말고사에서 90점 이상 받기 위한 목표를 달성하려면, 작은 습관을 통해 꾸준히 공부하는 것이 중요해. 다음은 이 목표를 위해 설정할 수 있는 미니 습관 5가지야:

1. 매일 10분 문제 풀기

습관: 매일 수학 문제를 10분 동안 풀기.
설명: 너무 짧아서 시작하기 쉽고, 꾸준히 하다 보면 점차 시간을 늘릴 수 있어. 일단 시작하면 더 오래 공부할 가능성도 커.

2. 한 문제 풀이 작성하기

습관: 매일 한 문제의 자세한 풀이 과정을 공책에 작성하기.

설명: 문제를 풀면서 풀이 과정을 적어보면 문제 해결 능력이 향상되고, 복습할 때 도움이 돼.

3. 개념 정리 카드 만들기

습관: 매일 수학 개념 하나를 정리한 플래시 카드를 만들기.

설명: 개념을 정리하고 반복 학습하는 데 효과적이야. 짧은 시간 안에 할 수 있어서 부담이 적어.

6) 내가 생각한 것, 챗GPT가 추천해준 것을 모두 합쳐 5개 이상의 미니습관을 기록합니다.

〈이루고 싶은 목표는? (   )〉

```
목표에 따른 미니습관들



```

7) 위에 기록한 미니습관 중 심리적 저항감이 가장 적고 자신의 상황에 맞는 것은 무엇인지 생각하여 1개를 골라봅시다. 그리고 표어로 작성해봅시다.

```




```

〈예시〉

```
나는 매일 그날 배운 수학교과서를 읽는다.
```

- 집에 책상맡에 표어를 다시 써서 붙여놓고 매일 실천하기 바랍니다.

8) 짝꿍과 공유해보고 피드백을 받아봅니다.

〈더보기 영상〉

https://youtu.be/JL1j2Eu9iok?si=7ztF9c1dALSuK-6X
"21일의 법칙". 좋은 습관 만들기. 습관이 운명을 바꾼다!!(6분 49초) 하나의
행동이 습관이 되려면 평균 21일이 걸린다.

- 다른 삶의 문제들도 해결할 수 있는 미니습관을 만들어봅시다.

7. 챗GPT와 만다라트 계획표 만들기

'아숙업(카카오톡 채널-ASKUP)'을 활용해보겠습니다.

1) 만다라트 계획표에 대해 아숙업에게 물어봅니다.

2) 영상을 보면서 오타니 쇼헤이의 만다라트 계획표에 대해 더 자세히 알아봅니다.

https://www.youtube.com/watch?v=xAn5z9_AfZg
(2분 50초, [뉴스큐] "인성까지 계획이 다 있구나"… 야구 혁명가 오타니 쇼헤이 / YTN)

3) 오타니 쇼헤이의 만다라트 계획표(출처: https://lrl.kr/pbar)를 살펴봅시다.

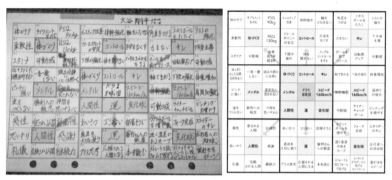

오타니가 직접 쓴 만다라트, 大谷翔平 マンダラート

몸 관리	영양제 먹기	FSQ 90kg	인스텝 개선	몸통 강화	축 흔들지 않기	각도를 만든다	위에서부터 공을 던진다	손목 강화
유연성	몸 만들기	RSQ 130kg	릴리즈 포인트 안정	제구	불안정 없애기	힘 모으기	구위	하반신 주도
스테미너	약 먹기	식사 저녁 7그릇 아침 3그릇	하체 강화	몸을 열지 않기	멘탈을 컨트롤	볼을 앞에서 릴리즈	회전수 증가	가동력
뚜렷한 목표. 목적	일희일비 하지 않기	머리는 차갑게 심장은 뜨겁게	몸 만들기	제구	구위	축을 돌리기	하체 강화	체중 증가
핀치에 강하게	멘탈	분위기에 휩쓸리지 않기	멘탈	8구단 드래프트 1순위	스피드 160km/h	몸통 강화	스피드 160km/h	어깨 주위 강화
마음의 파도를 안만들기	승리에 대한 집념	동료를 배려하는 마음	인간성	운	변화구	가동력	라이너 캐치볼	피칭 늘리기
감성	사랑받는 사람	계획성	인사하기	쓰레기 줍기	부실 청소	카운트볼 늘리기	포크 볼 완성	슬라이더 구위
배려	인간성	감사	물건을 소중히 쓰자	운	심판을 대하는 태도	늦게 낙차가 있는 커브 볼	변화구	좌타자 결정구
예의	신뢰받는 사람	지속력	긍정적 사고	응원 받는 사람	책 읽기	직구와 같은 자세로 던지기	스트라이크 에서 볼을 던지는 제구	거리를 상상하기

오타니 쇼헤이 만다라트 (한글 번역)

4) 우리도 만다라트 계획표를 만들어봅시다. 우선 최종적으로 이루고 싶은 목표를 설정합니다. 25~30살에 이루고 싶은 목표로 설정합니다.

목표:

→ 이 목표는 만다라트 중앙에 기록할 것입니다.

			학교	가족	학습관리			
			정서관리		대인관계			
			취미	인격성장	체력			

5) 학습관리, 정서관리, 인격관리, 대인관계 측면에서 이 목표를 이루기 위해 현재 해야 할 일, 즉 세부실행계획을 추천해달라고 아숙업에게 부탁합니다. 아숙업이 추천해준 것을 그래도 기록해도 되지만 자신의 상황에 맞게 변형해도 됩니다. 아숙업이 추천해준 것이 아닌 자신이 혼자 생각한 것을 기록하면 더 좋습니다.

<질문 예시안>

나는 만다라트 계획의 중심 목표를 '30살에 구글 취직'으로 할 거야. 이에 대해 학습적인 측면에서 실행해야 할 세부실행계획을 제시해줘.

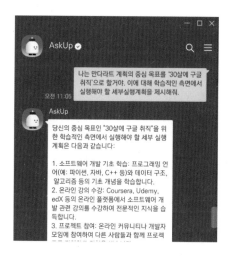

6) 학습관리로 추천한 세부실행계획 한 개를 골라 이를 실행하기 위한 하위 세부실천 행동 4가지를 또 추천해 달라고 합니다. 정서관리, 인격관리, 대인관계도 마찬가지로 합니다.

챗GPT 진로수업 선생님 tip!

1. 81칸을 다 채우는 것도 중요하지만 채우면서 이 세부행동이 필요한 행동인지, 실행할 수 있는 것들인지, 자신의 목표 달성을 위해 구체적으로 어떻게 행동해야 할지 등을 생각해보는 계기를 마련하면 좋습니다.

2. 상황에 따라 고등학교 3년 동안의 목표, 40살의 목표로 중심목표를 변형할 수 있습니다. 다만 단기적인 목표보다는 어른이 된 이후 장기적인 목표를 중심목표로 세우는 것이 진로 로드맵을 긴 호흡의 관점에서 계획할 수 있습니다. 당장의 성적과 어느 대학에 갈 수 있느냐 없느냐로 일희일비하기보다 인생을 조금 더 길고, 넓은 관점에서 조망하기를 바랍니다.

8. 럭키비키!_챗GPT로 초긍정사고하기

원영적 사고 챗GPT 프로그램을 활용합니다.

아이돌 가수 중에 초긍정 사고를 하는 것으로 유명해진 가수가 있습니다. 예를 들면 다음과 같습니다.

긍정적 사고: 물이 반이나 남았네?

부정적 사고: 물이 반밖에 안 남았네?

원영적 사고: 내가 연습 끝나고 딱 물을 먹으려고 했는데 글쎄 물이 딱 반 정도 남은 거양! 다 먹기엔 너무 많고 덜 먹기엔 너무 적고 그래서 딱 반만 있었으면 좋겠다고 생각했는데… 완전 럭키비키잖앙!*

https://www.youtube.com/watch?v=GYEEKsUKLGI
'원영적 사고'가 뭐길래?… 아이브(IVE) 장원영이 유행시킨 '긍정의 힘'(3분 38초)

매사 부정적이고 툴툴대는 학생들에게는 이런 의도적인 긍정성이 큰 의미가 있으리라 생각합니다. 긍정성은 순간의 실패에 좌절하지 않고 앞으로 나아갈 수 있는 태도의 밑바탕이 되기 때문입니다. 특히 평소 부정적 사고 습

---

* 출처: 나무위카-원영적 사고

관이 있는 학생들은 긍정적으로 사고하는 연습 자체가 어렵습니다. 긍정적으로 사고하는 연습을 해봅시다.

1) 먼저 다음과 같이 그 내용을 본인의 이름을 사용하여 **적 사고라고 이름 붙입니다.

☞ (예시) 인선적 사고, 설아적 사고

2) 부정적 사고를 긍정적으로 전환하는 럭키비키! 활동을 해봅시다.

생성형 AI프로그램을 활용해보겠습니다. '원영적 사고 GPT'라고 검색하면 부정적 사고방식을 긍정적 사고로 전환해주는 프로그램이 나옵니다.

럭키비키하게 바꾸고 싶은 상황을 적어봐!	( )적 사고로 바꿔봐요! 프로그램을 사용하기 전에 자기가 먼저 바꿔보는 겁니다. 그리고 프로그램 답변과 비교해보아요!	원영적 사고 챗GPT 답변
예시) 고기가 가득 든 카레를 먹고 싶은데 지금 카레 안에 고기가 조금만 있어. 어떡하지?	예시) 카레에 고기가 조금만 들어있는거양!! 만약 고기가 가득 들어있었다면 더 많은 칼로리를 섭취해야 했을 텐데, 이렇게 적당한 양이면 건강에도 좋고 맛있게 먹을 수 있어★ 완전 럭키비키잖앙♥	https://getgpt.app/ play/TSvdRF1ojQ)
[상황 1]		
[상황 2]		
[상황 3]		

3) 원영적 사고의 답 하나를 골라 패들렛에 올리고 한 명씩 돌아가면서 읽어봅니다.

4) 럭키비키! 활동하고 난 후 느낀 점을 간단히 기록해봅니다.

챗GPT 진로수업 선생님 tip!

1. 학급활동이라면 포스트잇에 긍정적 사고방식을 기록한 뒤 이젤노트 등을 활용하여 한동안 게시하면 학생들의 태도 형성에 영향을 끼칠 수 있습니다.

2. 여러 반 학생들이 섞인 수업은 패들렛을 통해 공유합니다.

3. 상황을 긍정적으로 바꿀 때, 챗GPT로 변환하기 전에 학생들이 먼저 해보게 하면 더 좋습니다. 챗GPT보다 학생들이 훨씬 더 기발한 사고 내용을 보여줄 때가 있거든요.

4. 긍정적 사고란 힘든 상황을 부정하는 것이 아니라 있는 그대로 받아들이고 그 속에서 긍정을 찾아내는 것임을 강조해주세요!

〈활동 결과물 전시 발표 예시안〉

(저자 허인선 수업 활동 결과물)

<더 보기 영상>

https://www.youtube.com/watch?v=4OoZB--4B_o
긍정적인 사람이 성공을 한다 / 긍정적 사고의 중요성 / 긍정적으로 생각해
야 하는 이유 (동기부여 / 운 / 자기계발 / 행복 / 심리 / 조언)(2분 33초)

https://www.youtube.com/watch?v=627lZbG8-mU
긍정적이면 호르몬 분비와 뇌 활동 좋아진다 - (2011.11.26_393회 방송)_브
레인 가든(2분 02초)

9. 챗GPT와 함께 만드는 희망 노래

'뤼튼'을 활용합니다.

1) 자신이 좋아하는 노래를 하나 고릅니다. 인터넷에서 가사를 검색합니다.

〈예시〉 브라운 아이즈 '벌써 일 년'

처음이라 그래 며칠 뒤엔 괜찮아져

그 생각만으로 벌써 일 년이

너와 만든 기념일마다 슬픔은 나를 찾아와…

처음 사랑 고백하며 설렌 수줍음과

우리 처음 만난 날 지나가고

너의 생일에 눈물의 케익 촛불 켜고서 축하해

I believe in you. I believe in your mind.

벌써 일 년이 지났지만

일 년 뒤에도 그 일년 뒤에도 널 기다려

너무 보고 싶어 돌아와 줘 말못했어

널 보는 따뜻한 그의 눈빛과

니 왼손에 껴진 반지보다 빛난 니 얼굴 때문에.

I believe in you. I believe in your mind.

다시 시작한 널 알면서

이젠 나 없이 추억을 만드는 너라는걸

내가 기억하는 추억은 언제나

지난 웃음과 얘기와 바람들

또 새로 만들 추억은 하나뿐

내 기다림과 눈물 속… 너일 뿐…

I believe in you. I believe in your mind.

다시 시작한 널 알면서

이젠 나 없이 추억을 만드는 너라는 걸…

I believe in you. I believe in your mind.

벌써 일 년이 지났지만

일 년 뒤에도 그 일 년 뒤에도 널 기다려…

- 출처: 네이버 바이브

2) 위 노래에 맞춰 꿈을 찾거나, 방황하거나, 꿈을 꾸는 사람들에게 희망을
주는 노래 가사로 바꿔보는 작업을 해볼게요.

※ 노래 가사 작업 전에 메모할 것들

① 어떤 대상에게 희망을 주고 싶나요?(구체적일 것)

☞

〈예시〉 꿈을 이루려다가 실패를 경험한 사람들, 공부만 하라고 강요받아서 스트
레스를 받는 청소년들, 명예퇴직을 당한 중년, 꿈을 찾아 다른 나라로 이민

을 가서 고생하는 사람들, 성적 스트레스를 받는 학생들, 아무리 찾아도 꿈이 없는 사람들, 자신의 꿈을 주변 사람들이 비웃어서 힘들 사람들 등.

② 위 대상과 관련하여 혹은 내가 만드는 노래 가사와 관련하여 떠오르는 단어를 10개 이상 적어봅시다.

<예시> 성적표, 시험, 스트레스, 꿈, 날개, 학교, 교과서, 1등급, 희망, 절망, 실패, 도전, 용기, 틀, 지옥, 감옥, 하늘, 날개

③ 내 노래 가사에 꼭 들어갔으면 하는 낱말을 3~5개 쓰시오.

(②에 나온 단어 포함).

3) 뤼튼과 함께 만든 노래 가사를 만들어봅니다.*

내가 노래 가사 하나를 말해줄게. 잘 읽어봐.

🦙 답변

네, 노래 가사를 잘 듣고 있겠습니다. 무슨 노래의 가사인지 잘 파악해보겠습니다.

위에서 제시한 노래가사를 개사하고싶어. 개사는 기존의 노래 가사를 다른 내용의 가사로 바꾸는 거야. 글자수는 거의 비슷해야 해. 시험을 못봐서 절망하고 있는 청소년에게 희망을 주는 가사로 네가 개사해주렴.

---

*뤼튼에게 처음에는 원래 노래의 가사를 알려줍니다. 그리고 이 노래 가사를 어떤 뜻의 가사로 개사할 것이라고 한 뒤 가사를 바꿔 달라고 명령을 내립니다.

4) 뤼튼이 만든 가사에서 수정하고 싶은 부분을 수정해봅니다. 3군데 이상 수정하세요.

위 가사가 너무 좋은데. 그런데 희망이라는 단어를 넣어서 다시 만들어줘.

답변

알겠습니다. 희망이라는 단어를 넣어 가사를 다시 작성해보겠습니다.
처음엔 실패해도 괜찮아져
그 생각만으로 벌써 일년이
오늘의 결과만이 전부가 아니야
실수도 경험이 되어 너를 성장시켜
어려운 시험에 울고 있을 때
포기하지 마라 희망을 품어
언젠가 너의 꿈을 이루게 될 거야
다시 일어설 수 있을 거라 믿어
I believe in you. I believe in your mind.
이제는 과거가 되었지만

앞으로도 계속해서 너를 응원할게
넘어져도 다시 일어설 수 있어
그래서 너는 소중한 존재란 걸 알아
다시 시작한 널 알면서
이제는 혼자서도 해낼 수 있다는 걸 알아
네가 겪은 모든 추억들이
너를 더 강하게 만들어 줄 거야
새로운 내일을 향해 힘차게 나아가
그 길에 희망과 함께 있을게
I believe in you. I believe in your mind.
이제는 과거가 되었지만
앞으로도 계속해서 너를 응원할게

- 수정 후 결과 가사 적어보기

5) 희망을 주는 노래가 완성되었습니다. 모두 불러보는 시간을 갖겠습니다. 5분 시간을 드릴 테니 각자 자리에서 불러봅니다. 가사가 어색하지 않은지 확인해보고 수정할 부분이 있으면 수정합니다.

6) 자신의 노래 제목을 뤼튼에게 추천받아봅니다. 뤼튼이 추천해 준 제목과 자신의 아이디어를 결합하여 노래 제목을 최종확정합니다.

확정된 노래 제목:

7) 모둠원끼리 노래를 공유합니다.

8) 모둠에서 가장 희망을 주는 노래로 선발된 것을 반 전체에 공유합니다. 베스트(BEST)로 선정된 노래를 반 전체가 함께 불러봐도 좋습니다.

10. SUNO AI로 나의 특성 노래 만들기

이 시간에는 SUNO프로그램 활용해보겠습니다.

1) 다음 노래를 들어보겠습니다.

 https://www.youtube.com/watch?v=g4xh9MBT8_8
[Music] ★반야심경(Heart Sutra, KOR)★ by Gomdan #aimusic #kpop #suno #sunoai(3분 54초)

SUNO로 제작한 불교경전 반야심경에 관한 노래입니다. 특정 종교와는 상관없이 철학적으로 좋은 내용이지만 요즘 세대들에게 접근하기 어려운 경전이었는데 인공지능 프로그램을 활용하여 힙한 노래로 재탄생하였습니다.

2) 우리도 SUNO를 활용하여 '내가 이루고 싶은 꿈에 관한 노래'를 제작해보겠습니다.

다음은 예시안입니다. 일단 읽어보세요.

① SUNO에 접속(https://suno.com/) 후 전체화면 메뉴들이 영어로 나올 경우 전체 번역을 한글로 바꾸면 됩니다.

> 나의 특성노래를 부르기 쉽게 동요풍으로 만들어줘. 나는 동글동글한 얼굴에 활발한 성격이야. 내가 소중하게 생각하는 것은 가족과 친구들이야. [Create ♫] 기를 잘하고 하나를 시작하면 꾸준히 하는 것을 잘해. 나는 100만 유튜버가 되는 것이 꿈이야. 후렴구에는 '뭐든지 할 수 있는 나'가 있었으면 좋았어.

- 어떤 스타일의 곡으로 만들어야 할지도 명령을 내리면 원하는 스타일로

곡이 생성됩니다.

② 다음은 실제로 생성된 2개 곡입니다. 여러분도 2개 곡이 나오면 이 중
한 곡을 선택합니다. 그리고 링크를 복사해서 패들렛에 올립니다.

3) 노래로 찾는 '나' 활동

① 먼저 나의 여러 가지 측면을 정리해보아요.

신체적 특징		소중히 여기는 것	
성격		소망	
능력		장점과 단점	

② 다음 <보기>를 참고하여 내가 소중하게 여기는 가치는 무엇인지 중요
한 순서대로 열 가지를 적어봅니다.

<보기>
사랑, 명예, 돈, 음식, 자유, 휴대 전화, 집, 정직, 예술, 운동, 컴퓨터, 게임, 가족,
옷, 건강, 안전, 자아실현, 행복, 생명, 친구, 자연, 봉사, 진리, 성적, 아름다움,
명품, 명성, 주식, 평화, 동아리, 외모, 꿈 등

③ 위에서 쓴 것을 바탕으로 SUNO AI를 통해 나의 특성 노래를 만들어보
아요.

활용할 생성형 AI	https://suno.com/) =>노래 만들어주는 AI 입력창에 1번과 2번의 내용이 잘 조합하여 입력
노래 제목	
가사	

④ 다른 친구들의 노래 중 2곡만 골라 한 줄 감상평을 기록해봅시다.

노래 제목	제작 학생 이름	한줄 감상평
1.		
2.		

챗GPT 진로수업 선생님 tip!

1. 명령어를 입력할 때 200자 한도 내에서 입력해야 함을 잊지 마세요.

2. 학생들이 노래를 직접 부르는 경우, 명령어에 '부르기 쉽게 만들어줘. 또는 동요풍으로 만들어줘'라고 입력해야지 부르기 쉽게 만들어 줍니다.

3. 후렴구의 내용을 추가로 입력해도 부르기 쉽게 만들어 줍니다.

4. 패들렛 공유가 어렵다면 단체 대화방 등을 통해 공유하고 다 같이 들어봐도 됩니다. 혹은 모둠 안에서만 들려주고 공유하는 등의 방법도 있습니다.

5. SUNO AI를 처음 접한 중학교 3학년은 활동지를 통해 기초자료를 스스로 쓴 경우, 노래를 만드는 데 10분도 걸리지 않았습니다. 반면 중학교 1학년은 30분 정도 걸렸습니다. 따라서 중학교 3학년은 노래 만들고 발표까지 하는 데 1차시가 충분했던 반면, 중학교 1학년은 2차시 정도가 필요했습니다. 학교 상황과 학년에 따라서 수업 차시에 변화가 있을 수 있습니다.

11. 챗GPT와 '나도 해결사!' 활동_문제해결역량 기르기

1) 모둠별로 우리 학교(학급)에서 가장 시급히 해결해야 할 문제를 하나 찾아봅시다. 왜 시급하게 해결해야 할 문제인지 이유도 적어봅시다.

- 시급히 해결해야 할 문제는 무엇이며 그 이유는?

```
┌ ─ ─ ─ ─ ─ ─ ─ ─ ─ ─ ─ ─ ─ ─ ─ ─ ─ ─ ─ ┐
│                                         │
│                                         │
│                                         │
│                                         │
└ ─ ─ ─ ─ ─ ─ ─ ─ ─ ─ ─ ─ ─ ─ ─ ─ ─ ─ ─ ┘
```

2) 모둠 대표는 친구들과 함께 챗GPT에 접속하여 문제를 제시하고 해결 전략을 물어봅니다. 반드시 챗GPT에게 5개 이상의 꼬리질문을 하셔야 합니다(주의점: 챗GPT는 오늘 우리를 처음 만났습니다. 우리 학교 상황에 대해서도 전혀 모릅니다. 상황을 자세하게 알려줘야 합니다).

〈입력문 예시안〉

> 내가 속한 반에 고등학교 1학년 남학생 12명 여학생 12명이 공부하고 있어. 우리반의 큰 문제는 학교 지각생이 점점 늘어나고 있다는 것이야. 지각생이 늘어나면서 면학분위기 조성이 어려워지고 반 친구들이 모든 면에 있어 시간 약속을 잘 안 지키는 경향이 늘어나고 있어. 학급 차원에서 지각생을 줄일 수 있는 해결책 5개를 제시해줘.

<꼬리질문 기록(순서대로 기록)>

①

②

③

④

⑤

<꼬리질문 예시안>

① 지각하지 않는 학생에 대한 인센티브 제공은 좋은 해결책이라고 생각해. 지각 생을 처벌하는 것보다 지각하지 않는 학생에 대해 인센티브를 제공하는 것이 더 좋은 이유는 뭐야?

② 학생들에게 제공할 수 있는 인센티브는 무엇이 있을까?

③ 간식쿠폰 제공이 좋은 것 같아. 이런 건 어때? 학생들에게 매주 1,000원씩 걷는 거야. 한 달 동안 일정비율 이상 등교한 학생들의 이름으로 걷은 돈의 일부를 기부하고 남은 돈을 쿠폰으로 바꿔서 선물로 주는 거지. 의미도 있고 지각생도 줄일 수 있고. 그리고 이런 상황을 담임선생님께서 생활기록부에 기록해주시 는 거지. 어때?

④ 단점은?

⑤ 그럼 먼저 기부에 대한 다큐멘터리나 유튜브 영상을 함께 보는 건 어때?

그럼 먼저 기부에 대한 다큐멘터리나 유튜브 영상을 함께 보는 건 어 때?

기부의 중요성을 강조하고 학생들이 자발적으로 참여하도록 유도하기 위해 기부에 대한 다큐멘터리나 유튜브 영상을 함께 보는 것은 매우 좋은 방법입니다. 다음은 이 방법의 장점과 효과적인 실행 방안입니다.

장점

1. **기부의 중요성 이해**: 기부 관련 다큐멘터리나 영상을 통해 학생들이 기부가 사회에 미치는 긍정적인 영향을 시각적으로 이해할 수 있습니다. 이는 학생들에게 기부의 의미를 더욱 깊게 인식시킬 수 있습니다.

2. **감정적 연결**: 기부에 관한 이야기를 영상으로 접하면 학생들이 감정적으로 연결되어, 기부가 실제로 어떻게 도움이 되는지 공감할 수 있습니다. 이는 학생들이 기부에 더 자발적으로 참여하도록 동기를 부여할 수 있습니다.

3. **토론 기회 제공**: 영상을 시청한 후, 학생들과 함께 기부에 대한 토론을 진행함으로써, 학생들이 자신의 생각을 나누고 서로의 의견을 듣는 기회를 제공합니다. 이는 비판적 사고를 촉진하고, 학생들이 다양한 시각을 이해하는 데 도움이 됩니다.

4. **지속인 관심 유도**: 영상은 기부에 대한 ↓ 속적인 관심을 불러일으킬 수 있습니다. 학생들이 한 번의 기부로 끝나지 않고, 지속적으로 사회적 책임을 느끼도록 도와줍니다.

3) 문제해결을 위한 전략 보고서를 작성합니다. 챗GPT에게 문제 해결 전략 보고서를 작성하는 아이디어를 얻어봅시다.

① 모둠별로 이젤패드 1장씩 배부(혹은 패들렛 활용).

② 반드시 기록해야 할 내용 위의 내용을 챗GPT와 모둠원이 함께 상의하는 형식입니다. 무조건 챗GPT답변을 그대로 기록해서는 안 되고 상황에 맞게 변형해야 합니다.

- 모둠원 이름

- 무엇이 문제인가 그리고 이것이 왜 문제인가

- 문제가 해결되면 우리 학교(학급)가 어떤 측면에서 좋아지는가

- 문제해결을 위한 실태 파악 방법(필요 인력, 자원, 예산 등 기록)

- 문제 해결을 위한 단계

- 해결을 위한 단계 실행할 때 주의할 점(혹은 위험요소)

- 기타

4) 모둠별로 작성한 문제해결을 위한 전략 보고서를 발표합니다.

- 이런 식으로 개인의 문제도 챗GPT를 활용하여 해결할 수 있습니다.

〈더 보기 영상〉

https://www.youtube.com/watch?v=8YYRe0ex6wg
문제를 근본적으로 해결하기 위한 질문 방법[도요타, 토머스 제퍼슨, 아인슈타인, 5why] (6분 06초)

※5why*는 어떤 일이든 5번 반드시 (   )라고 질문하는 창의적인 해결방식.

---

cue: 🗋 👍 👎 🔒

5Why는 어떤 문제나 이슈가 생겼을 때 그 원인을 찾기 위한 방법론 중 하나로, 일본의 도요타자동차 회사에서 처음 도입하였습니다.

문제가 발생했을 때 그 문제가 생긴 이유를 다섯 번 물어보고 그 답을 찾는 과정을 말합니다. 이 과정을 통해 진짜 원인을 찾아내고 이를 해결함으로써 문제를 완전히 해결할 수 있도록 하는 것이 목적입니다.

예를 들어, "왜 고객 만족도가 낮은가?"라는 문제가 있다면 첫 번째 Why에서는 "고객들은 왜 우리 제품이나 서비스에 불만족 하는가?", 두 번째 Why에서는 "불만족한 고객들 중 일부는 왜 환불 요청을 하는가? ", 세 번째 Why에서는 "환불 요청을 한 고객들은 왜 불만을 느끼는가?" 등 계속해서 물어보면서 실제 원인을 찾아냅니다. 이러한 방식으로 최종적으로는 가장 근본적인 원인을 발견하고 이를 제거 또는 수정하여 문제를 해결할 수 있게 됩니다.

Ⓝ 통합검색   ☰ 참고정보

---

* Cue 답변(질문: 5why정의)

12. 챗GPT와 사회적기업 사업계획서 작성하기 ①

1) 사회적기업이란 무엇일까요? 챗GPT에게 물어봅니다. 초등학생, 중학생, 고등학생 버전으로 상황에 맞게 물어보고 결괏값을 읽어봅니다.

① 사회적기업에 대해 초등학교 학생에게 설명할 거야. 어떻게 설명하면 좋을까?

- 초등학생에게 사회적기업을 설명할 때는 간단하고 명확한 언어를 사용하는 것이 중요해. 그리고 예를 들어서 설명하면 이해하기 더 쉬울 거야. 이렇게 설명해 보세요:

└ 사회적기업이란 무엇일까?

"사회적기업은 사람들을 도와주기 위해 만들어진 특별한 회사야. 우리가 흔히 아는 회사들은 돈을 많이 벌기 위해 제품을 팔고 서비스도 제공해. 그런데 사회적기업은 돈도 벌지만, 더 중요한 목표가 있어. 바로, 사회에서 어려운 사람들을 도와주거나 환경을 지키는 것이야.

예를 들어, 우리가 좋아하는 초콜릿이 있는데, 이 초콜릿을 만드는 회사가 있다고 상상해 보자. 이 회사는 초콜릿을 만들면서 농민들에게 공정한 가격을 주고, 초콜릿을 만드는 과정에서 환경을 보호하는 방법을 사용해. 이렇게 하면 초콜릿을 사는 사람들도 맛있게 먹을 수 있고, 농민들도 더 나은 조건에서 일할 수 있게 돼. 게다가 자연도 보호되니까 모두가 행복해질 수 있지!"

② 중학생 수준에 맞는 답변도 부탁해.

- 학생 수준에 맞춰서 사회적기업을 설명할 때는 조금 더 복잡한 개념을 소개하되, 여전히 쉽게 이해할 수 있도록 해야 해. 아래는 중학생에게 적합한 설명이야:

└, 사회적기업이란 무엇인가요?

"사회적기업은 특별한 목적을 가진 회사예요. 일반적인 회사들은 주로 돈을 많이 벌기 위해 운영되지만, 사회적기업은 돈을 벌면서 동시에 사회에 긍정적인 영향을 미치려는 목표를 가지고 있어요.

사회적기업의 주요 목표는 두 가지로 나눌 수 있어요:

사회 문제 해결: 이 회사들은 가난한 사람들을 도와주거나, 차별을 없애기 위해 일할 수 있어요. 예를 들어, 어떤 사회적기업은 저소득층 청소년들에게 무료로 학습 자료를 제공하거나, 장애인들에게 일자리를 만들어 줄 수 있어요.

환경 보호: 환경을 지키기 위해 노력하는 것도 중요한 목표 중 하나예요. 예를 들어, 플라스틱 쓰레기를 줄이기 위해 재활용 제품을 만들거나, 환경친화적인 방법으로 제품을 만드는 회사들이 있어요.

예를 들어볼까요?

예를 들어, '환경 보호'를 목표로 하는 사회적기업이 있다고 가정해 보세요. 이 회사는 재활용 소재로 가방을 만들고, 이 가방을 팔아서 얻은 수익의 일부를 환경 보호 활동에 사용해요. 이렇게 하면 소비자들은 환경에 좋은 제품을 구매하게 되고, 회사는 그 수익을 통해 더 많은 환경 보호 활동을 할 수 있게 되죠.

또 다른 예로는, '사회 문제 해결'을 목표로 하는 사회적기업이 있어요. 이 회사는 어려운 환경에 있는 사람들에게 교육 기회를 제공하거나, 일자리를 만들어 주어서 그들이 스스로 자립할 수 있도록 돕는 일을 해요.

결론

결국, 사회적기업은 단순히 이윤을 추구하는 것이 아니라, 사회적 문제를 해결하고 환경을 지키기 위해 노력하는 회사예요. 그래서 사회적기업은 우리가 살아가는 세상을 조금 더 나은 곳으로 만들기 위해 특별한 일을 하는 회사들이라고 할 수 있어요."

③ 고등학생들에게는 어떻게 설명할지 제시해줘.

- 고등학생에게 사회적기업을 설명할 때는 좀 더 구체적이고 전문적인 용어를 사용할 수 있지만, 여전히 명확하고 이해하기 쉬운 방식으로 접근하는 것이 중요해. 아래는 고등학생 수준에 맞춘 설명이야:

└ 사회적기업이란 무엇인가요?

"사회적기업은 전통적인 기업과는 조금 다른 목표를 가진 기업입니다. 일반적으로 기업은 주로 이윤을 추구하는 반면, 사회적기업은 사회적, 환경적 문제를 해결하면서도 경제적으로 지속 가능성을 유지하는 것을 목표로 합니다. 즉, 사회적기업은 이윤 추구와 사회적 책임을 동시에 실현하려고 합니다.

사회적기업의 주요 특징

사회적 목적: 사회적기업은 단순히 이윤을 추구하는 것이 아니라, 사회적, 환경적 문제를 해결하는 데 중점을 둡니다. 예를 들어, 저소득층을 위한 교육 기회를 제공하거나, 환경 오염 문제를 해결하는 데 기여할 수 있습니다.

지속 가능성: 사회적기업은 재정적으로 자립할 수 있는 비즈니스 모델을 가지고 있습니다. 즉, 사회적 목적을 추구하면서도 스스로 운영될 수 있는 경제적 기반을 마련해야 합니다. 이는 일반적인 비영리 단체와의 차별점입니다.

이윤 재투자: 사회적기업은 이윤을 단순히 주주에게 분배하는 것이 아니라, 그 이윤을 다시 사회적 목표를 달성하는 데 재투자합니다. 예를 들어, 발생한 이윤을 사회적 프로젝트나 환경 보호 활동에 사용합니다.

사례로 살펴보기

공정 무역 기업: 공정 무역을 통해 제품을 제조하고 판매하는 기업은 저개발 국가의 농민들에게 공정한 가격을 지불하고, 그들의 생활 수준을 개선하려고 합니다. 이 기업들은 단순히 제품을 판매하는 것이 아니라, 생산 과정에서의 인권과 환경을 고려합니다.

환경 보호 기업: 플라스틱을 재활용하여 새로운 제품을 만드는 회사가 있습니다. 이 회사는 재활용된 소재로 제품을 만들면서 환경 오염 문제를 줄이고, 그 과정에서 발생한 이윤을 환경 보호 활동에 투자합니다.

결론

사회적 기업은 전통적인 기업의 비즈니스 모델에 사회적 책임과 환경적 고려를 결합한 것입니다. 이들은 경제적 성공뿐만 아니라 사회적 가치와 환경적 지속 가능성을 동시에 추구함으로써, 더 나은 사회와 환경을 만드는 데 기여하려고 합니다. 따라서 사회적 기업은 현대 사회에서 점점 더 중요한 역할을 하고 있습니다."

이렇게 설명하면 고등학생들이 사회적 기업의 개념과 그 중요성을 잘 이해할 수 있을 거야. 실제 사례를 들어 설명하면 이해가 더 쉬워질 수 있어.

2) 동영상을 시청하면서 사회적기업에 대해 더 알아봅시다.

https://www.youtube.com/watch?v=1zfgW39D3rc
[체인저블 EP.04] 야! 너두 이제 알 수 있어, 사회적기업(6분 57초)

https://www.youtube.com/watch?v=OjNpZxSEcaI
자기 회사 옷 사지 말라고 광고하는 아웃도어 브랜드, 파타고니아의 역사 [브랜드 스토리](11분 48초)

https://www.youtube.com/watch?v=0GTSn-1jETo
BIG ISSUE (빅이슈 잡지)(2분)

3) 읽기자료-우리나라 사회적기업의 한 사례를 읽어봅시다.

버려진 소방관 방화복으로 옷과 가방을 만들어 판매하는 사례
https://blog.naver.com/kecoprumy/223272733610

4) 인터넷 검색을 통해 자신이 관심있는 분야의 사회적기업이 있는지 살펴보고 3가지 이상 찾아봅니다.

기업이름	하는일

〈검색방법〉

포털 사이트에 들어가 자신의 '관심분야 단어 +사회적 기업'을 입력합니다. 예를 들면 '동물 사회적기업' '노인 사회 적기업' '장애인 사회적 기업' 등.

5) 한국사회적기업진흥원 홈페이지(https://www.socialenterprise.or.kr)를 탐방해봅니다.

- 사회적기업에 대한 설명 및 종류
- 사회적기업 리스트(다양한 사회적 기업 검색 가능)

6) 자신이 사회적기업을 만든다면 어떤 분야의 사회적 기업을 만들지 생각해봅니다.

13. 챗GPT와 사회적기업 사업계획서 작성하기 ②

1) 사업계획서가 무엇인가요? 챗GPT에게 물어봅니다.

① 사업계획서에 대해 초등학생에게 어떻게 설명할지 알려줘.

- 초등학생에게 사업계획서를 설명할 때는 간단하고 직관적인 언어를 사용하고, 실생활에서 쉽게 이해할 수 있는 예를 들어 설명하는 것이 좋습니다. 아래는 초등학생에게 적합한 사업계획서 설명 예시입니다:

∟ 사업계획서란 무엇인가요?

"사업계획서는 어떤 사업을 시작할 때 필요한 계획을 적어 놓은 문서예요. 쉽게 말하면, 사업계획서는 '어떤 일을 어떻게 할 건지에 대한 계획서'라고 할 수 있어요.

사업계획서의 주요 내용

아이디어: 사업계획서에는 사업의 아이디어가 써 있어요. 예를 들어, 학교에서 친구들에게 새로 만든 문구 용품을 판매하려는 사업을 구상한다고 해볼까요? 사업계획서에는 '왜 이 문구 용품이 좋은지', '어떤 사람들이 이 용품을 사용할 것인지' 등이 적혀 있어요.

목표: 사업의 목표를 정해요. 목표는 사업을 통해 이루고 싶은 꿈이나 계획이에요. 예를 들어, '첫 달 안에 100개의 문구 용품을 팔겠다'는 목표를 정할 수 있어요.

계획: 사업을 어떻게 운영할지에 대한 계획이 포함돼요. 예를 들어, 문구 용품을 어디서 구입할지, 어떻게 가격을 정할지, 고객에게 어떻게 알릴지 등을 계획하는

거예요.

예산: 사업에 필요한 돈을 계산해요. 문구 용품을 만들고 판매하는 데 드는 돈, 재료 비용, 광고비용 등을 정리해요.

일정: 사업을 언제 시작하고, 어떤 일을 언제까지 해야 하는지에 대한 일정도 포함돼요. 예를 들어, '한 달 안에 문구 용품을 디자인하고, 두 달 안에 판매를 시작하겠다'는 식으로 말이죠.

예시로 살펴보기

"만약에 친구와 함께 학교에서 '사탕 가게'를 열고 싶다고 생각해 보세요. 사업계획서에는 이런 것들이 적혀 있을 거예요:

아이디어: '맛있는 사탕을 학교 친구들에게 판매한다.'

목표: '첫 달에 50개의 사탕을 팔겠다.'

계획: '사탕을 어디서 사올지, 어떻게 장식할지, 어떻게 판매할지 계획한다.'

예산: '사탕과 장식 재료를 사기 위해 필요한 돈을 계산한다.'

일정: '2주 안에 사탕을 준비하고, 1개월 안에 판매를 시작한다.'

사업계획서는 이렇게 사업을 시작하고 성공적으로 운영하기 위해 필요한 모든 계획과 준비를 담은 문서예요."

이렇게 설명하면 초등학생도 사업계획서의 기본 개념을 쉽게 이해할 수 있을 거야. 실제로 상상할 수 있는 예를 들어서 설명하면 훨씬 더 직관적으로 다가올 거야.

② 중학생에게는 어떻게 설명해야 할지 알려줘.

- 중학생에게 사업계획서를 설명할 때는 좀 더 구체적인 요소를 포함하여 사업 계획의 중요성을 강조하는 방식이 좋습니다. 중학생 수준에서는 사업계획서의 기본 개념을 이해하고, 이를 실제 사례와 연결 지을 수 있도록 설명하는 것이 효과적입니다.

└, 사업계획서란 무엇인가요?

"사업계획서는 새로운 사업을 시작할 때 작성하는 문서로, 사업의 전체적인 계획과 전략을 정리한 것입니다. 사업계획서는 사업이 어떻게 진행될지, 어떤 목표를 달성할 것인지, 그리고 이를 어떻게 이룰 것인지에 대한 자세한 계획을 담고 있습니다.

사업계획서의 주요 내용

사업 아이디어: 사업계획서의 첫 부분에는 사업 아이디어가 어떤 것인지 설명합니다. 이는 '어떤 문제를 해결할 것인지', '무엇을 제공할 것인지'를 명확하게 해야 합니다. 예를 들어, 학교에서 사용할 수 있는 독특한 학용품을 판매하는 아이디어를 구상한다고 해보세요.

목표: 사업의 목표를 설정합니다. 목표는 사업을 통해 이루고자 하는 구체적인 성과를 말합니다. 예를 들어, '첫 분기 내에 100개의 학용품을 판매하겠다'는 목표를 설정할 수 있습니다.

시장 조사: 어떤 사람들이 이 사업을 필요로 하고, 경쟁자들이 어떤 일을 하고 있는지 조사합니다. 이는 사업이 성공하기 위해 중요한 부분으로, 실제로 시장에서 어떻게 자리 잡을지를 분석합니다.

운영 계획: 사업을 어떻게 운영할지에 대한 계획을 세웁니다. 제품을 어떻게 만들고, 어디서 판매할지, 고객들에게 어떻게 알릴지 등을 포함합니다. 예를 들어, 온라인 상점을 열고 소셜 미디어를 통해 마케팅을 할 계획을 세울 수 있습니다. 예산계획: 사업을 시작하고 운영하는 데 필요한 비용을 계산합니다. 제품을 만들기 위한 재료비, 판매를 위한 광고비, 기타 운영비용 등을 포함하여 예산을 세웁니다.

일정: 사업을 언제 시작하고, 각 단계별로 언제까지 완료할지를 정리합니다. 예를 들어, '한 달 내에 제품을 디자인하고, 두 달 내에 판매를 시작하겠다'는 식으로 계획합니다.

예시로 이해하기

"예를 들어, 만약 학교에서 '맞춤형 노트북'을 판매하는 사업을 시작한다고 가정해 보세요. 사업계획서에는 이런 내용들이 포함될 수 있습니다:

사업 아이디어: '학생들이 개인화할 수 있는 노트북을 판매한다.'

목표: '첫 분기에 200개의 노트북을 판매한다.'

시장 조사: '학생들이 선호하는 디자인과 기능을 조사하고, 경쟁업체를 분석한다.'

운영 계획: '디자인을 선택하고, 온라인 쇼핑몰을 만들며, SNS를 통해 마케팅을 진행한다.'

예산 계획: '노트북 제작비, 웹사이트 운영비, 마케팅 비용 등을 계산한다.'

일정: '2주 안에 디자인을 완료하고, 1개월 안에 웹사이트를 오픈한다.'

이렇게 사업계획서는 사업이 성공적으로 운영되기 위해 필요한 모든 계획을 미리 정리해 놓는 중요한 문서입니다."

이렇게 설명하면 중학생들이 사업계획서의 개념과 중요성을 명확하게 이해할 수 있을 거야. 예시를 통해 구체적인 내용을 설명하면 더 효과적일 수 있어.

③ 고등학생들에게는 어떻게 설명할지 제시해줘.

- 고등학생에게 사업계획서를 설명할 때는 보다 구체적이고 체계적인 접근 방식을 사용해도 좋습니다. 이 시점에서는 사업계획서의 주요 구성 요소와 그 중요성을 명확하게 이해할 수 있도록 설명하고, 실제 사례를 통해 개념을 좀 더 심화시킬 수 있습니다.

└ 사업계획서란 무엇인가요?

"사업계획서는 사업을 시작하거나 운영하기 위한 구체적인 계획을 담은 문서입니다. 이 문서는 사업의 방향성을 설정하고, 어떻게 목표를 달성할 것인지, 사업을 운영하기 위해 필요한 자원과 전략을 체계적으로 정리합니다. 사업계획서는 투자

자나 협력자들에게 사업의 비전을 전달하고, 성공 가능성을 입증하는 데 중요한 역할을 합니다.

사업계획서의 주요 구성 요소

사업 개요: 사업 아이디어와 목표를 간단히 설명합니다. 이 부분에는 사업이 무엇인지, 어떤 문제를 해결하려는지, 그리고 어떤 가치를 제공하려는지 포함됩니다. 예를 들어, '친환경 소재로 만든 패션 액세서리'를 판매하는 사업이라고 가정할 수 있습니다.

시장 분석: 목표 시장과 경쟁 상황을 분석합니다. 시장 분석에는 목표 고객층, 시장 규모, 경쟁업체 분석 등이 포함됩니다. 예를 들어, 어떤 연령대의 사람들이 이 제품을 구매할 가능성이 높은지, 경쟁 업체가 어떤 제품을 판매하는지 조사합니다.

운영 계획: 사업을 어떻게 운영할 것인지에 대한 구체적인 계획을 설명합니다. 여기에는 제품 생산 과정, 유통 방법, 인력 관리, 고객 서비스 등이 포함됩니다. 예를 들어, 제품을 어떻게 생산하고, 어떤 유통 경로를 통해 고객에게 전달할지를 계획합니다.

마케팅 및 판매 전략: 제품이나 서비스를 어떻게 홍보하고 판매할 것인지에 대한 전략을 설명합니다. 온라인 광고, 소셜 미디어 캠페인, 할인 행사 등 다양한 마케팅 방법을 포함할 수 있습니다.

재무 계획: 사업에 필요한 자금과 예상 수익, 비용 등을 정리합니다. 자금 조달 계획, 예산, 손익 분기점 분석 등이 포함됩니다. 예를 들어, 제품 생산에 필요한 초기 비용, 운영 비용, 예상 매출 등을 계산합니다.

일정: 사업 시작과 주요 마일스톤을 포함한 일정을 설정합니다. 프로젝트의 각 단계가 언제 완료될지를 계획합니다. 예를 들어, 제품 디자인 완성, 생산 시작, 마케팅 캠페인 시작 등의 일정을 정합니다.

사례로 설명하기

"가령, 학교에서 '스마트폰 액세서리'를 만드는 스타트업을 구상한다고 해봅시다. 사업계획서는 다음과 같은 내용을 포함할 수 있습니다:

사업 개요: '학생들이 선호하는 디자인의 스마트폰 액세서리를 제조하고 판매한다.'

시장 분석: '청소년 시장의 수요를 조사하고, 주요 경쟁 업체 분석을 통해 시장의 빈틈을 찾아낸다.'

운영 계획: '디자인 팀을 구성하고, 생산 공장을 찾아 제품을 제조하며, 온라인 쇼핑몰을 통해 판매한다.'

마케팅 및 판매 전략: '소셜 미디어를 통해 홍보하고, 학교와 연계한 이벤트를 개최하여 제품을 홍보한다.'

재무 계획: '초기 자금으로는 디자인 비용과 생산 비용을 포함하며, 첫 분기 내에 500개의 액세서리를 판매하여 수익을 내는 것을 목표로 한다.'

일정: '1개월 내에 제품 디자인을 완료하고, 2개월 후에 생산을 시작하며, 3개월 후에 판매를 개시한다.'

이렇게 사업계획서는 사업이 성공적으로 운영되기 위해 필요한 모든 세부 계획과 전략을 문서화한 것입니다. 투자자들에게 사업의 가능성을 보여주고, 사업 운영의 방향성을 잡는 데 도움을 줍니다."

이러한 방식으로 설명하면 고등학생들이 사업계획서의 구성 요소와 그 중요성을 보다 잘 이해할수 있을 것입니다. 실제 사례를 통해 설명하면 개념을 더 쉽게 접할 수 있어요.

2) 자신이 관심있는 분야의 사회적기업을 세운다고 가정하고 사업계획서를 써봅시다.

① 관심있는 분야는 무엇입니까? (   )

② 위 분야의 사회적기업은 수익성이 있을지 챗GPT에게 물어봅시다.

〈질문과 답변 예시안〉

- 나는 다문화와 관련한 사회적기업을 만들고자 해. 수익성이 있을까?

- 다문화와 관련한 사회적 기업을 만드는 것은 매우 의미 있는 일이지만, 수익성
  을 고려하는 것도 중요합니다. 다문화와 관련된 사회적 기업은 다양한 형태로
  운영될 수 있으며, 사업 모델과 전략에 따라 수익성이 달라질 수 있습니다. 몇 가
  지 가능성을 고려해보겠습니다(답변 계속됨).

③ 기업 이름도 추천받아 봅시다.

〈질문과 답변 예시안〉

- 탈북주민과 관련한 사회적 기업을 만들고자 해. 기업의 이름을 3가지만 추천해줘.

- 탈북주민과 관련한 사회적 기업을 만드는 것은 매우 의미 있는 일입니다. 이러
  한 기업은 탈북주민들의 자립을 지원하고, 그들의 권익을 증진하는 데 기여할
  수 있습니다. 기업 이름은 이러한 목표와 비전을 반영하는 것이 좋습니다. 아래
  는 탈북주민과 관련된 사회적 기업을 위한 이름 3가지를 추천해 드립니다:

1. 희망의 다리

설명: '희망의 다리'는 탈북주민들이 새로운 사회에 성공적으로 정착하고 자립할
수 있도록 돕는 역할을 하는 기업이라는 의미를 담고 있습니다. '다리'라는 단어는
연결과 지원을 상징하여, 탈북주민들이 새로운 기회를 찾는 데 도움을 주고자 하
는 목표를 반영합니다.

2. 새로운 시작

설명: '새로운 시작'은 탈북주민들이 새로운 환경에서 새롭게 출발할 수 있도록 돕
는 기업의 역할을 강조합니다. 이 이름은 탈북주민들에게 긍정적인 변화와 새로
운 기회를 제공하는 기업의 비전을 담고 있습니다.

3. 다문화 교차로

설명: '다문화 교차로'는 다양한 문화가 만나는 지점을 상징하며, 탈북주민들이 다문화사회에 성공적으로 융합되고 기회를 찾을 수 있도록 지원하는 기업이라는 의미를 내포하고 있습니다. 이 이름은 서로 다른 배경을 가진 사람들을 연결하고, 서로 이해하며 함께 발전하는 모습을 강조합니다.

이러한 이름들은 사회적 기업의 사명과 목표를 잘 반영하며, 탈북주민들에게 긍정적인 메시지를 전달할 수 있습니다. 기업 이름은 그 기업의 정체성을 나타내는 중요한 요소이므로, 기업의 비전과 미션을 잘 표현하는 것이 중요합니다.

- 남북교차로는 어때?

- '남북교차로'라는 이름은 탈북주민과 관련된 사회적 기업에 매우 적합한 선택일 수 있습니다. 이 이름은 남한과 북한, 즉 남북한 간의 교차점을 의미하며, 다음 과 같은 장점을 가지고 있습니다:

장점 및 의미

교차점의 상징성: '교차로'는 두 개의 길이 만나는 지점을 의미합니다. 이는 남북 간의 만남과 교류를 상징하며, 탈북주민들이 남한 사회에 성공적으로 통합될 수 있도록 돕는 역할을 암시합니다.

연결과 소통: 남북교차로는 서로 다른 배경을 가진 사람들 사이의 연결과 소통을 강조합니다. 탈북주민들이 새로운 사회에 잘 적응하고, 남한 사회와의 원활한 소통을 돕는다는 의미를 전달할 수 있습니다.

상호 이해와 협력: 이 이름은 남북 간의 상호 이해와 협력을 증진하는 사회적 기업의 목표를 잘 표현합니다. 탈북주민들이 새로운 환경에서 성공적으로 자리 잡을 수 있도록 돕는 기업의 비전을 반영합니다.

강렬한 메시지: '남북교차로'라는 이름은 강렬하고 직관적인 메시지를 전달합니다. 남북한의 교차점에서 새로운 기회를 창출하고, 실질적인 도움을 제공하겠다는 의도를 잘 드러냅니다.

결론

'남북교차로'는 탈북주민들과 관련된 사회적 기업에 적합한 이름으로 보입니다. 이 이름은 기업의 목표와 사명을 효과적으로 전달하며, 사회적 의미와 상징성을 잘 담고 있습니다. 이를 통해 탈북주민들에게 긍정적이고 강력한 메시지를 전달할 수 있을 것입니다.

3) 사회적 기업 사업계획서를 작성해봅시다.*

기업이름	
기업의 목표	
추구하는 가치와 해결하고자 하는 문제	
대상 고객 (사업이 어떤 사람들을 위한 것인지)	
제공할 제품이나 서비스의 내용	
운영 방식 (제품을 어떻게 만들고, 고객에게 어떻게 제공할지)	
인력 (사업을 운영하기 위해 필요한 사람들)	
홍보 방법 (소셜 미디어, 학교 행사, 지역 커뮤니티 등을 통한 홍보 계획)	
이 사업이 사회에 미칠 긍정적인 영향	
성공 가능성 (사업이 성공할 수 있는 이유와 전망)	

* 재무계획을 적어야 하나 학생들에게 어려울 수 있어 생략합니다. 고등학생이라면 재무계획도 염두에 둘 수 있습니다. 정식 사업계획서보다는 가치관 실현에 중점을 두고 진로탐색의 관점에서 계획서를 쓰는 것에 중점을 두고 있습니다.

14. 챗GPT와 창직하기

1) 창직이 무엇인지 챗GPT에게 물어봅니다.

- 창직이란 무엇인지 중학생에게 설명해주고 싶어. 제시해줘.

- 중학생들에게 '창직'이라는 개념을 설명할 때는 간단하고 명확한 언어를 사용하고, 실생활의 예를 들어 이해를 돕는 것이 중요합니다. 창직이란 무엇인지 쉽게 설명하는 방법을 제시해 드리겠습니다.

└, 창직이란 무엇인가요?

설명: "창직은 새로운 일을 만들어내는 것을 의미해요. 일반적으로 우리가 아는 직업은 이미 존재하는 것이지만, 창직은 새로운 일을 만들어서 직업을 새로 만드는 거예요. 즉, 세상에 없던 새로운 직업을 만들고, 그 직업으로 사람들에게 필요한 것을 해결하려는 것이죠."

예를 들어 설명하기

예시 1: 인기 유튜버: "요즘 많은 사람들이 유튜브에서 영상을 보고, 유명한 유튜버들이 있어요. 예를 들어, 게임을 하거나, 요리를 하는 영상으로 많은 사람들에게 재미를 주는 사람들이 있죠. 처음에는 유튜브에서 이런 일을 하는 직업이 없었지만, 지금은 많은 사람들이 이 직업을 가지게 되었어요. 유튜버는 창직의 좋은 예예요."

예시 2: 앱 개발자: "스마트폰을 사용하면서 다양한 앱을 사용하죠. 어떤 사람들은 새로운 앱을 만들면서 직업을 만들어내기도 해요. 예를 들어, 사람들이 공부를 더 쉽게 할 수 있는 앱이나, 친구들과 소통하는 새로운 앱을 개발하는 사람들이 있어요. 이런 직업도 창직이라고 할 수 있어요."

예시 3: 친환경 제품 디자이너: "환경을 보호하기 위해 새로운 제품을 디자인하는 직업도 있어요. 예를 들어, 쓰레기를 줄이기 위한 새로운 재활용 제품을 디자인하거나, 친환경 재료로 만든 물건을 만드는 직업이 생기기도 해요. 이런 직업도 창직의 일종이에요."

창직의 중요성

"창직은 새로운 문제를 해결하고, 사람들에게 더 나은 삶을 제공하는 데 중요한 역할을 해요. 또한, 창직을 통해 자신이 좋아하는 일을 하면서 새로운 직업을 만들 수 있는 기회를 얻을 수도 있어요."

간단한 요약

"창직은 세상에 새로 등장하는 직업을 만드는 것이에요. 기존의 직업에서 벗어나서 새로운 아이디어와 필요를 바탕으로 새로운 일을 만들어내는 과정이죠."

이렇게 설명하면 중학생들이 창직의 개념을 쉽게 이해하고, 실생활과 연결지어 상상할 수 있을 것입니다.

2) 창직에 대한 동영상 시청

https://www.youtube.com/watch?v=_vNQdkeSZSM
청소년을 위한 미래토론수업 '퓨처스쿨 2020' | 창직 편(11분 48초)

https://youtu.be/z8zL59lxViI?si=JOL_BgEjZexfG6hi
(ko)창직의 시대, 꿈을 버려라! | 이선호 과학커뮤니케이터 | #엑소쌤 #동기부여 #진로고민 | 세바시 1593회(14분 26초)

3) 창직을 하려면 새로운 아이디어를 생성하는 방법을 알아야 합니다.

① 기존의 것을 세분화하기

〈예시〉

상담가☞세분화-노인전문상담, 여성전문상담, 교사전문상담, 다문화주민상담 등

② 결합하기

〈예시〉 인형+의사=인형의사(http://www.yinuri.co.kr/news/226379)

〈읽기자료〉 새로운 직업을 창조하는 방법(출처: 정철상의 커리어노트)

https://careernote.co.kr/3054
새로운 직업을 창조하는 방법 1)세분화 2) 융합화

4) 자신이 관심있는 분야와 관련직업을 찾아봅시다. 챗GPT를 활용해도 됩니다.

분야	관련직업

〈질문과 답변 예시안〉

- 동물과 관련된 직업을 말해주렴.

- 동물과 관련된 직업은 다양한 분야에서 활동할 수 있으며, 각기 다른 동물들과 상호작용하거나 그들의 복지를 위한 일들을 포함합니다. 아래는 동물과 관련된

직업들입니다:

1. 수의사

　설명: 동물의 건강을 진단하고 치료하는 의사입니다. 애완동물부터 농장 동물, 야생 동물까지 다양한 동물을 돌봅니다.

2. 수의사 보조사

　설명: 수의사를 돕는 직업으로, 동물의 진료를 보조하고, 치료와 검사에 필요한 작업을 수행합니다.

3. 동물 행동 전문가

　설명: 동물의 행동을 분석하고, 문제 행동을 해결하기 위한 훈련 방법을 개발합니다. 개, 고양이, 말 등 다양한 동물의 행동을 연구합니다.

4. 동물 보호 활동가

　설명: 동물의 권리를 보호하고, 유기동물 및 학대받는 동물들을 구출하고 돌보는 일을 합니다. 동물 보호소나 비영리 단체에서 활동할 수 있습니다.

5. 애완동물 관리사

　설명: 애완동물의 건강과 웰빙을 관리하며, 동물의 식사, 운동, 위생 등을 책임집니다. 애완동물 호텔이나 돌봄 서비스에서 일할 수 있습니다.

6. 동물 사육사

　설명: 동물원, 서식지, 사육 시설에서 동물의 건강과 복지를 관리합니다. 동물에게 먹이를 주고, 서식지를 유지하며, 동물의 행동을 관찰합니다.

7. 동물 연구원

　설명: 동물의 생리학, 행동, 생태를 연구하여 과학적 발견을 하거나 동물 복지를 개선하는 연구를 수행합니다. 대학, 연구소, 동물원 등에서 일할 수 있습니다.

8. 동물 훈련사

　설명: 동물에게 특정 행동이나 기술을 가르치는 전문가입니다. 애완동물 훈련,

경찰견 훈련, 영화나 광고에서 동물 훈련 등을 담당합니다.

9. 동물 사진작가

설명: 동물의 사진을 찍어 그들의 아름다움과 행동을 포착하는 직업입니다. 동물의 특성을 잘 이해하고 사진 기술이 필요한 직업입니다.

10. 야생동물 보호관

설명: 야생동물의 서식지를 보호하고, 야생동물의 건강을 모니터링하며, 환경 보호 활동을 합니다. 환경 단체나 정부 기관에서 활동할 수 있습니다.

11. 물 관련 작가

설명: 동물에 관한 책, 기사, 블로그 등을 작성합니다. 동물의 행동, 훈련 방법, 동물 복지 등에 대한 정보를 전달합니다.

12. 동물 행동 치료사

설명: 동물의 행동 문제를 해결하기 위한 치료를 제공하며, 동물과 주인 간의 상호작용을 개선하는 방법을 제시합니다.

13. 동물 영양사

설명: 동물의 건강을 위해 적절한 식단과 영양을 계획하고 제공하는 전문가입니다. 애완동물, 농장 동물, 야생동물 등 다양한 동물의 식단을 관리합니다.

14. 동물 건강 관리사

설명: 동물의 건강을 모니터링하고, 예방 접종, 건강 검진, 치료 등을 제공하는 역할을 합니다. 동물병원이나 동물 보호소에서 일할 수 있습니다.

15. 동물 유전자 연구원

설명: 동물의 유전자와 유전적 특성을 연구하여 질병의 원인이나 유전적 개선 방법을 찾는 연구원입니다. 이 직업들은 동물과의 상호작용을 통해 다양한 역할을 수행하며, 각기 다른 분야에서 동물의 복지와 건강을 유지하고, 연구하거나 교육하는 일들을 포함합니다. 동물과 관련된 직업은 동물에 대한 사랑과 관심을 가

지고 있는 사람들에게 많은 보람을 줄 수 있는 일 들입니다.

5) 관심있는 분야 1개를 골라 새로운 직업을 창직해봅시다.

① 관심있는 분야는 무엇입니까? (   )

② 이 분야를 세분화할 수 있다면 어떻게 할 수 있나요?

③ 이 분야와 다른 분야를 결합해보세요.

④ 창직한 직업은? (   )

⑤ 챗GPT에게 전망 등을 물어보세요.

- 챗GPT가 말한 전망을 요약해서 적어봅시다. 챗GPT에게 물어본 뒤 실제 전망이

  어떤지 네이버, 구글, 책 등을 통해 반드시 검증해봐야 합니다.

〈활동 기록 예시〉

① 동물

② 세분화-고양이, 개, 소, 말, 새 등

③ 결합-고양이+그림, 고양이+음악, 고양이+음식, 고양이+장난감 등

④ 캣타워 제작자

⑤ 챗GPT가 말한 전망(아래 대화문을 요약해서 기록해야 함)

〈질문 답변 예시안〉

- 나는 동물 중에서 고양이를 좋아해서 캣타워 제작자라는 직업을 창직했어. 자의 직업 전망은 어떨 것 같은지 말해줘.

ㄴ, 캣타워 제작자라는 직업은 고양이를 좋아하는 사람들에게 매우 매력적인 창직입니다. 최근 몇 년간 애완동물 산업이 성장하면서, 특히 고양이와 관련된 제품에 대한 수요도 증가하고 있습니다. 따라서 캣타워 제작자의 직업 전망은 긍정적일 수 있습니다. 구체적으로 살펴보면:

1. 애완동물 산업의 성장

시장 확대: 애완동물 산업은 전 세계적으로 계속해서 성장하고 있으며, 특히 고양이와 같은 소형 애완동물에 대한 수요가 증가하고 있습니다. 많은 사람들이 고양이를 키우면서 고양이를 위한 다양한 제품에 대한 관심과 필요가 커지고 있습니다. 프리미엄 제품의 인기: 고양이의 생활 공간을 보다 편안하고 재미있게 만들어주는 프리미엄 캣타워나 맞춤형 캣타워의 수요가 증가하고 있습니다. 이로 인해 캣타워 제작자에게 새로운 기회가 생길 수 있습니다.

2. 고객의 요구와 다양성

맞춤형 제품: 많은 애완동물 소유자들이 자신의 집에 맞는 맞춤형 제품을 찾고 있습니다. 따라서, 고객의 취향과 공간에 맞춘 캣타워를 제작할 수 있는 능력은 큰 장점이 될 수 있습니다. 창의성 발휘: 캣타워는 단순한 제품을 넘어 디자인, 기능성, 그리고 고양이의 편안함을 고려한 창의적인 접근이 필요합니다. 따라서, 창의적인 디자인과 아이디어를 가진 제작자는 시장에서 차별화될 수 있습니다.

3. 경쟁과 차별화

경쟁 요소: 시장에는 이미 많은 캣타워와 관련된 제품들이 존재합니다. 따라서 차별화된 디자인, 품질, 또는 독특한 기능을 제공하는 것이 중요합니다.

브랜딩과 마케팅: 자신만의 브랜드를 구축하고, 온라인과 오프라인에서 효과적으

로 마케팅을 진행하면 경쟁에서 우위를 점할 수 있습니다.

4. 비즈니스 모델과 확장 가능성

온라인 판매: 온라인 쇼핑의 확산으로 인해, 캣타워를 인터넷을 통해 판매하는 것은 매우 유망한 비즈니스 모델이 될 수 있습니다. 소셜 미디어와 전자상거래 플랫폼을 활용하여 많은 고객들에게 접근할 수 있습니다.

서비스 추가: 캣타워 제작 외에도, 설치 서비스나 정기적인 유지보수 서비스를 제공함으로써 추가적인 수익원을 창출할 수 있습니다.

5. 사회적 영향

동물 복지 향상: 고양이와 관련된 제품을 통해 동물의 생활 환경을 개선하는 것은 긍정적인 사회적 영향을 미칠 수 있습니다. 이를 통해 사회적으로 의미 있는 일을 한다는 보람을 느낄 수 있습니다.

결론

캣타워 제작자라는 직업은 애완동물 시장의 성장, 고객의 다양한 요구, 그리고 창의적인 디자인을 통한 차별화 등으로 인해 긍정적인 직업 전망을 가지고 있습니다. 다만, 경쟁이 치열할 수 있으므로 독창적인 아이디어와 높은 품질의 제품, 그리고 효과적인 마케팅 전략이 필요합니다. 만약 고양이에 대한 깊은 이해와 애정, 그리고 창의성을 가진다면, 캣타워 제작자는 성공적인 직업이 될 수 있습니다.

15. 챗GPT와 함께라면 '나도 벤지니어!'

카카오톡 채널 '아숙업'을 사용해보겠습니다.

1) 벤지니어란? 다음 신문기사를 읽어보겠습니다.

책상 앞 개발자는 옛말… '벤지니어'가 뜬다
당근·토스 등 3세대 IT기업 단순개발 넘어 사업감각 중시… 책상 앞 개발자는 옛말

벤지니어'가 뜬다3세대 정보기술(IT)기업들이 비즈니스에도 능한 개발자인 '벤지니어(비즈니스+엔지니어)'를 앞세우면서 개발자의 덕목이 변하고 있다. 컴퓨터 앞에서 개발 작업만 하는 게 아니라 적극적으로 사업 기획에 참여하거나 팀 전체를 이끄는 방식이다.

16일 IT업계에 따르면 스타일테크기업 에이블리의 배송팀 개발자들은 서울 성수동 1만3200㎡ 규모 에이블리 풀필먼트센터에 여러 차례 방문했다. 상품 수요 예측과 재고 관리 시스템을 효율화하려면 현장을 이해해야 한다는 이유에서다. 에이블리는 벤지니어라는 용어를 공식 채택한 회사다.

지역생활 커뮤니티기업 당근은 개발자로 입사한 직원이 당근의 핵심 신사업인 '당근알바'의 리더가 돼 서비스를 이끌고 있다. 당근 관계자는 "기술적 요소와 비즈니스적 요소가 부딪칠 때가 있는데 이때 비즈니스를 선택할 줄 알아야 한다"며 "창

업가정신으로 제품을 바라보는 개발자가 우리 회사에 잘 맞는 인재"라고 했다.

토스 개발사인 비바리퍼블리카에서도 개발자가 제품을 총괄하는 프로덕트오너 (PO)가 된 사례가 여럿 있다. 개발자가 활발하게 서비스 기획 아이디어를 내고 프로젝트를 주도하는 과정에서다. 이 스타트업 관계자는 "기획을 함께하면서 본인의 흥미를 깨닫거나 성취감을 느낀 엔지니어들이 직무 자체를 변경하고 있는 것"이라고 설명했다.

1~2세대 IT기업이 새롭고 좋은 기술과 개발 능력 자체에 초점을 뒀다면 3세대 기업은 '비즈니스 임팩트'를 낼 수 있는 역량을 중시한다는 평가다. 업계 관계자는 "투자 혹한기 여파로 개발 영역에서 중시하는 요소가 달라졌다"며 "빠르게 문제를 해결해 실질적인 성과를 내는 인재를 찾는다"고 말했다.

인공지능(AI) 기술이 발달하면서 비즈니스 감각이나 독보적인 개발 역량을 갖추지 못한 엔지니어는 도태될 것이라는 분석도 나온다. 원티드랩 개발자 리포트에 따르면 개발자의 83.6%는 생성형 AI가 개발업무 일부를 대체할 수 있다고 봤다.

- 고은이 기자, 한국경제 2024.06.16((https://www.hankyung.com/article/2024061694781)

☞ 벤지니어란 무엇인지 3문장 정도로 정리해서 짝꿍에서 설명해봅시다.

2) 알리미 앱에 관한 동영상을 봅시다.

https://www.youtube.com/watch?v=PnsSgqldfzU
(13분 07초, 갓생을 꿈꾸던 대학생이 세계 170개 국가의 아침을 깨우기까지 | 알라미)

3) 우리 일상에서 사용하는 벤지니어의 결과물 다양한 앱들에 대해 알아봅시다.

가. 여러분이 자주 쓰는 앱은 무엇인가요?

나. 자주 쓰는 앱 중 하나를 골라 그 앱을 왜 쓰는지, 특징은 무엇인지, 어떠한 편리한 점이 있는지, 불편한 점은 무엇인지 떠올려보고 이야기 나눠봅시다.

4) 앱 개발 아이디어 내놓기*

가. 모둠구성(2~6인 1모둠)- 진행자 및 서기 1명 선정

나. 모둠 구성원들은 돌아가면서 생활에서 개선하고 싶은 점, 불편한 점을 한 가지씩 말하고 서기가 메모합니다.

다. 열거한 불편한 점을 개선할 수 있는 앱 개발에 대해 아이디어를 말해봅니다. 이런 앱이 있었으면 좋겠다로 시작할 수 있습니다. 기존의 앱을 보완하는 것도 좋습니다.

라. 스마트폰 플레이스토어가 앱스토어에 들어가서 개발하고자 하는 앱과 비슷한 앱이 있는지 살펴봅니다. 비슷한 앱을 다운받고 메뉴가 어떻게 구성되어 있는지 살펴봅니다.

마. 카카오톡 채널 '아숙업(Askup)'에 접속하여 개발하고자 하는 앱에 대한 아이디어를 구해봅니다. 아숙업에 접속하는 것은 모둠 대표가 하되 답변은 함께 공유합니다.

---

* 랜딩페이지 제작에 관한 수업 아이디어는 윤민창의투자재단-청소년챌린지스쿨(https://www.yoonmin.org) 수업 활동 일부에서 착안했음을 밝힙니다. 상황에 따라 모둠이 아닌 개별적으로 활동해도 괜찮습니다.

바. 아숙업이 준 아이디어와 모둠원들의 아이디어를 융합하여 개발하고자
　　하는 앱의 랜딩페이지(접속했을 때 처음 나오는 화면)를 그려봅니다.

- 모둠별로 B4용지와 그리기 도구(싸인펜, 색연필 등 필요) 배부

- 그리는 시간은 10~15분 정도 부여

- 꼭 염두에 둬야할 것: 수익을 어떻게 낼 것인지 꼭 종이 아래쪽이나 뒷면
　에 기록(예를 들면 광고로 수익을 낸다든지, 수수료로 수익을 낸다든지 기타)

* 아숙업에게 앱의 이름을 지어달라거나 랜딩 페이지에 꼭 들어가야 할 메뉴, 수익
　방법 등에 대해 질문해도 좋습니다. 답변을 읽고 보완하면 됩니다.

사. 모둠에서 개발한 앱의 랜딩 페이지 화면 그림을 사진을 찍어 패들렛에
　　올리거나, 칠판에 붙인 뒤 발표합니다.

〈학생 작품 (랜딩 페이지 그리기 예시)〉

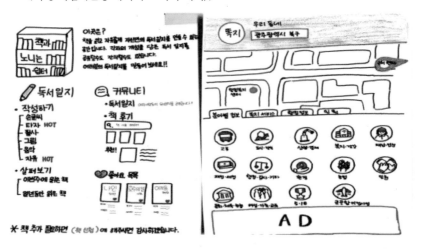

(저자 조설아 수업 학생활동 결과물)

16. 챗GPT와 비폭력대화방식 배우기_의사소통역량 키우기

　미래 사회가 될수록 우리 학생들의 감정조절능력 및 대인관계능력이 중요하다는 것을 느낍니다. 이를 위해 의사소통역량이 필요합니다. 인간 사이에서 일어나는 일에 대한 전달방식의 문제로 감정이 상하거나 오해가 쌓이고 결국 공동체의 프로젝트를 완수하지 못하는 경우도 발생합니다. 챗GPT는 즉각적인 반응을 하는 시스템이므로 챗GPT를 통해 올바른 대화법을 배워보면서 의사소통역량을 신장시키는 계기를 마련해봅시다.

　먼저 갈등 상황을 기록합니다. 그리고 이 상황을 '나 전달법'과 '비폭력 대화법'으로 바꿔 달라고 챗GPT에게 요구합니다. 사실상 '나 전달법'과 '비폭력 대화법' 모두 좋은 대화법이지만 단시간에 가르치기에는 학생들에게 어려운 개념이지만 챗GPT의 도움을 받으면 개별화된 교육이 가능합니다 그리고 실제로 말하는 연습을 합니다.

<평화적 갈등 해결 방법 - '나 전달법'과 '비폭력 대화'>

1) 다음 사례에 대해 나 전달법과 비폭력 대화로 말해보아요.

	개념	특징	예시
나 전달법	상대방에게 비난하거나 비판하지 않고 자신의 감정과 생각을 표현하는 방법. 이 방법은 상대방에게 방어적인 반응을 유발하지 않으면서 갈등을 해결을 도움.	1. 자신의 감정 표현: "나는 ~하게 느껴"와 같이 자신의 감정을 솔직하게 표현. 2. 특정 상황 언급: "네가 ~했을 때"와 같이 구체적인 상황을 언급. 3. 자신의 요구 전달: "그래서 나는 ~ 원해"와 같이 자신의 요구나 바람을 명확하게 전달. 4. 비난하지 않음: 상대방을 비난하거나 공격하지 않고 자신의 입장과 감정을 중심으로 이야기함.	"네가 내 숙제를 찢었을 때, 나는 정말 속상했어. 다음부터는 조심해줬으면 좋겠어."
비폭력 대화	상대방과의 소통에서 공감과 이해를 바탕으로 갈등을 해결하는 방법. 이 방법은 갈등 상황에서도 서로의 감정을 존중하며 소통할 수 있게 도움.	관찰: "나는 네가 ~하는 것을 보았어"와 같이 구체적인 행동이나 상황을 관찰. 감정: "나는 ~ 느꼈어"와 같이 자신의 감정을 표현. 욕구: "내가 필요로 하는 것은 ~ 야"와 같이 자신의 욕구를 명확히 표현. 요청: "그래서 ~ 해줄 수 있을까?"와 같이 구체적인 행동을 요청함.	"네가 내 물건을 허락 없이 가져갔을 때, 나는 화가 났어. 나는 내 물건이 존중받길 원해. 다음부터는 내 허락을 받고 사용하길 바라."
현순이와 영희는 서로 잘 어울려다니는 친구다. 그런데 어느 날부터인가 현순이는 인스타그램에 영희를 겨냥한 것처럼 보이는 게시물을 올렸다. 게시물에는 '진짜 친구가 맞나?'와 같은 의미심장한 문구와 함께 친구들과 함께 찍은 사진이 올라왔다. 계속해서 현순이는 영희가 한 말을 비꼬는 게시글을 여러 개 남겼다. 영희는 속상하다.	평소 내 방식대로 말하기		
	나 전달법으로 말하기		
	비폭력 대화로 말하기		

2) 모둠별로 친구 사이의 갈등 사례를 하나 만들어보고 이 상황에 대래 내 방식대로 말하기, 나 전달법과 비폭력 대화를 적어봅시다.

	평소 내 방식대로 말하기	
	나 전달법으로 말하기	
	비폭력 대화로 말하기	

	평소 내 방식대로 말하기	
	나 전달법으로 말하기	
	비폭력 대화로 말하기	

 챗GPT 진로수업 선생님 tip!

1. 학생들의 수준에 따라서 구체적인 사례를 교사가 제시해줄 수도 있습니다. 구체적인 사례는 챗GPT에게 '중학생 친구들 사이에서 있을 법한 갈등 사례를 구체적으로 2가지 제시해줘'라고 하면 제안해줄 거에요.

2. 이 활동은 실습이 핵심입니다. 모둠별로 '나 전달법'과 '비폭력 대화'의 내용을 실습 해보게 하거나 대표 학생들이 앞에 나와서 본인들이 작성한 자료를 읽게 하면 그 효과가 배가 될 거에요!

17. 챗GPT와 진로 문제 토론하기_의사소통역량 키우기

다음 상황에서 챗GPT와 내가 역할을 나눠 토론을 해봅시다.

1) 다음 명령 프롬프트를 그대로 입력한 뒤 토론해봅니다.

〈입력 명령 프롬프트〉

고등학교 2학년 학생이 학교를 그만두고 아르바이트를 하면서 경험을 쌓다가 수능을 보고 대학에 입학하겠다는 계획을 세웠어. 나는 이 계획에 대해 찬성하는 입장이야. 너는 반대하는 입장으로 나랑 대화를 나눠보자.

내가 먼저 말하면 내 말을 듣고 네가 말해. 나는 네 말을 듣고 또 내 입장을 이야기할게. 서로 번갈아가면서 대화 나누는 거야. 너 혼자 내 말까지 가로채서 말하면 안돼. 알았지? 내가 먼저 말할게. "학교에서 배우는 건 현실하고 동떨어졌으니 더 이상 학교 다닐 필요가 없어."*(개인 취향에 따라 입장을 바꿔서 토론 가능)

> 고등학교 2학년 학생이 학교를 그만두고 아르바이트를 하면서 경험을 쌓다가 수능을 보고 대학에 입학하겠다는 계획을 세웠어. 나는 이 계획에 대해 찬성하는 입장이여. 너는 반대하는 입장으로 나랑 대화를 나눠보자. 내가 먼저 말하면 내 말을 듣고 네가 말해. 나는 네 말을 듣고 또 내 입장을이야기할게. 서로 번갈아가면서 대화 나누는 거야. 너 혼자 내 말까지 가로채서 말하면 안돼. 알았지? 내가 먼저 말할게. "학교에서 배우는 건 현실하고 동떨어졌으니 더 이상 학교 다닐 필요가 없어."

---

*구체적으로 대화방식을 입력해주지 않으면 챗GPT혼자서 두 사람 역할 대화문을 작성해버립니다.

학교에서 배우는 내용이 때때로 현실과 동떨어진 느낌이 들 수 있지만, 학교 교육은 다양한 기본 지식을 제공하고 비판적 사고를 기르는 데 중요한 역할을 합니다. 또래와 함께 학습하고 협력하는 경험은 사회적 기술을 발전시키는 데 매우 유익합니다. 이러한 기초가 부족하면 나중에 대학 생활이나 직장 생활에서 어려움을 겪을 수 있습니다.

사회적 기술은 아르바이트를 통해 더 많이 배울 수 있어.

아르바이트를 통해 사회적 기술을 배울 수 있다는 점은 동의하지만, 학교에서는 다양한 사람들과의 협업, 토론, 프로젝트를 통해 다양한 관점과 문제 해결 방법을 배울 수 있습니다. 또한, 학문적인 지식과 비판적 사고는 학교 교육을 통해 더 깊이 있게 습득할 수 있으며, 이는 나중에 대학에서 더 전문적인 학문을 공부할 때 큰 도움이 됩니다. 아르바이트만으로는 이런 기초를 충분히 다지기 어렵습니다.

학문의 기초는 요즘엔 혼자 공부할 수 있는 도구가 너무 많아.

혼자 공부할 수 있는 도구가 많아진 것은 사실이지만, 학교는 단순히 지식 전달뿐만 아니라 체계적이고 종합적인 교육 과정을 통해 학습의 깊이와 폭을 넓혀줍니다. 또한, 학교에서 제공하는 지도와 피드백, 동료와의 상호작용, 다양한 과제와 프로젝트는 혼자 공부하는 것만으로는 얻기 힘든 중요한 경험과 통찰을 제공합니다. 이러한 요소들은 혼자 공부할 때 놓치기 쉬운 부분들을 보완해줍니다.

가. 토론하면서 내가 입력한 대화문은 무엇인지 5개 이상을 쓰시오.

①

②

③

④

⑤

나. 챗GPT의 답변 중 수긍하는(마음을 조금이라도 움직이는) 답변은 무엇이었으며, 그 이유는?

2) 다음 명령 프롬프트를 그대로 입력한 뒤 토론해봅니다.

고등학교 1학년 한 학생 '영수'의 이야기야. 영수가 쓴 보고서와 다른 친구의 보고서가 거의 똑같다는 사실을 알게 된 교사가 둘 다 0점을 주겠다고 한다. 영수는 시간을 더 주면 다른 주제의 보고서를 써서 제출하겠다고 선생님께 부탁하고 있어. 왜냐하면 0점을 받으면 내신성적에 지장이 생기니까. 그리고 억울하고. 나는 영수의 주장을 찬성하는 입장이야. 너는 영수를 반대하는 입장으로 나랑 대화를 나눠보자.

내가 먼저 말하면 내 말을 듣고 네가 말해. 나는 네 말을 듣고 또 내 입장을 이야기할게. 서로 번갈아가면서 대화 나누는 거야. 너 혼자 내 말까지 가로채서 말하면 안돼. 알았지? 내가 먼저 말할게. "영수는 매우 억울한 입장이니까 교사가 따로 더 시간을 줘야해."(개인 취향에 따라 입장을 바꿔서 토론 가능)

> 고등학교 1학년 한 학생 '영수'의 이야기야. 영수가 쓴 보고서와 다른 친구의 보고서가 거의 똑같다는 사실을 알게 된 교사가 둘 다 0점을 주겠다고 한다. 영수는 시간을 더 주면 다른 주제의 보고서를 써서 제출하겠다고 선생님께 부탁하고 있어. 왜냐하면 0점을 받으면 내신성적에 지장이 생기니까. 그리고 억울하고.
> 나는 영수의 주장을 찬성하는 입장이야. 너는 영수를 반대하는 입장으로 나랑 대화를 나눠보자. 내가 먼저 말하면 내 말을 듣고 네가 말해. 나는 네 말을 듣고 또 내 입장을 이야기할게. 서로 번갈아가면서 대화 나누는 거야. 너 혼자 내 말까지 가로채서 말하면 안돼. 알았지? 내가 먼저 말할게. "영수는 매우 억울한 입장이니까 교사가 따로 더 시간을 줘야해."

🤖 영수가 억울할 수는 있지만, 보고서의 표절 문제는 매우 심각한 윤리적 문제입니다. 교사가 0점을 준 것은 표절에 대한 명확한 규정을 따랐기 때문입니다. 시간을 더 준다고 해서 원칙을 어길 수는 없으며, 이는 다른 학생들에게도 공정하지 않습니다. 규정을 어기면 규율의 신뢰성이 떨어지고, 모든 학생들이 동일한 기준으로 평가받지 못하게 됩니다.

영수는 베끼지 않았어. 증거가 없을뿐이야.

🤖 영수가 베끼지 않았다고 주장하지만, 두 보고서가 거의 동일하다는 사실이 발견되었기 때문에 교사는 이를 표절로 간주할 수밖에 없습니다. 증거가 없다면 교사로서도 판단을 내리기 어렵고, 모든 학생들에게 공정한 기준을 적용해야 합니다. 또한, 시간을 더 준다고 해서 표절 문제를 해결하는 것은 아니며, 이는 다른 학생들에게 형평성 문제를 일으킬 수 있습니다. 만약 예외를 인정한다면, 다른 학생들도 같은 상황에서 예외를 요구할 수 있기 때문에 규칙의 일관성을 유지하는 것이 중요합니다.

다른 애가 영수 것을 어디선가 손에 넣어 베껴 썼겠지. 증거가 없을 뿐이라니까.

🌐 다른 학생이 영수의 보고서를 베꼈을 가능성도 있지만, 교사는 증거가 없는 상황에서 공정한 결정을 내려야 합니다. 증거가 없다는 이유만으로 예외를 인정하면, 학교의 규칙과 기준이 흔들릴 수 있습니다. 모든 학생에게 동일한 기준을 적용해야 하며, 이를 통해 공정성을 유지해야 합니다. 또한, 영수가 억울하다면, 학교의 규정에 따라 이의를 제기하고 정당한 절차를 통해 해결하는 것이 올바른 방법입니다. 이를 통해 다른 학생들에게도 공정하고 일관된 메시지를 전달할 수 있습니다.

◁» ⎘ ⟳ ♡ ⚡ ⋯

가. 토론하면서 내가 입력한 대화문은 무엇인지 5개 이상을 쓰시오.

①

②

③

④

⑤

나. 챗GPT의 답변 중 수긍하는(마음을 조금이라도 움직이는) 답변은 무엇이었으며 그 이유는?

3) 다음 명령 프롬프트를 그대로 입력한 뒤 토론해봅니다.

국어 영어 수학 사회 과학 기말고사를 앞둔 2학년 학생A이다. A는 이번 기말고사 성적이 떨어지면 원하는 대학에 가지 못하므로 짧은 시간까지 쉬지 않고 공부중이다. 그런데 기말고사 이후 학교에서 학급별 응원댄스 대회가 있다. 반장과 일부 학급 아이들이 기말고사 준비보다는 이 대회에 열정을 품고 자습시간과 점심시간 모두 반 학생들이 대회 연습을 하기 바란다. 기말고사 일주일 남았는데 계속 연습을 해서 A는 몹시 당황스럽고 불만스럽다. 그래서 반장에게 대회 연습을 기말고사 이후에 하자고 건의할 계획이다.

내가 먼저 A입장을 찬성할게. 내가 말하면 내 말을 듣고 네가 말해. 나는 네 말을 듣고 또 내 입장을 이야기할게. 서로 번갈아가면서 대화 나누는 거야. 너 혼자 내 말까지 가로채서 말하면 안돼. 알았지? 내가 먼저 말할게. "기말고사를 앞두고 대회 연습을 하는 것은 무리이니 기말고사 이후 했으면 좋겠다는 A의 주장에 찬성해."

> 국어 영어 수학 사회 과학 기말고사를 앞둔 2학년 학생A이다. A는 이번 기말고사 성적이 떨어지면 원하는 대학에 가지 못하므로 짧은 시간까지 쉬지 않고 공부중이다. 그런데 기말고사 이후 학교에서 학급별 응원댄스 대회가 있다. 반장과 일부 학급 아이들이 기말고사 준비보다는 이 대회에 열정을 품고 자습시간과 점심시간 모두 반 학생들이 대회 연습을 하기 바란다. 기말고사 일주일 남았는데 계속 연습을 해서 A는 몹시 당황스럽고 불만스럽다. 그래서 반장에게 대회 연습을 기말고사 이후에 하자고 건의할 계획이다.내가 먼저 A입장을 찬성할게, 내가 말하면 내 말을 듣고 네가 말해. 나는 네 말을 듣고 또 내 입장을 이야기할게. 서로 번갈아가면서 대화 나누는 거야. 너 혼자 내 말까지 가로채서 말하면 안될. 알았지? 내가 먼저 말할게. "기말고사를 앞두고 대회 연습을 하는 것은 무리이니 기말고사 이후 했으면 좋겠다는 A의 주장에 찬성해."

🌐 기말고사 이후로 대회 연습을 미루면 대회를 준비할 시간이 부족해질 수 있습니다. 대회는 학급 전체의 협동과 단합을 보여줄 중요한 행사로, 성적뿐만 아니라 학교 생활의 중요한 부분입니다. 또한, 단체 활동을 통해 얻는 경험과 추억도 중요한 학습의 일부입니다. 시간을 잘 나누어 공부와 연습을 병행하면, 모두가 원하는 목표를 이룰 수 있을 것입니다.

> 하지만 아예 대회를 준비하지 말자는 게 아니고 기말 이후에 연습하면 더 열심히 집중적으로 하는게 효율적인 것 같아. 시험을 앞둔 상태에서는 집중하기 힘들어.

🌐 시험을 앞둔 상태에서 집중하기 힘들다는 점은 이해가 가지만, 기말고사 이후에 연습을 시작하면 준비 시간이 부족할 수 있습니다. 충분한 연습 시간 없이 대회에 참가하면 학급 전체가 좋은 성과를 내기 어려울 수 있습니다. 공부와 연습을 잘 조율하면, 기말고사 성적도 유지하고 대회 준비도 잘 할 수 있습니다. 시험 준비와 대회 연습 사이의 균형을 찾는 것이 중요합니다.

> 그 균형을 찾자는 거야. 지금이 불균형 아닌가?

🌐 기말고사 직전에 대회 연습에 많은 시간을 할애하는 것은 확실히 불균형할 수 있습니다. 기말고사는 학생들의 성적에 직접적으로 영향을 미치기 때문에 더 많은 집중이 필요합니다. 기말고사 이후에 대회 연습을 집중적으로 하면 더 효과적일 것이며, 학생들의 스트레스도 줄일 수 있습니다. 따라서 A의 주장처럼, 기말고사 이후에 대회 연습을 시작하는 것이 더 합리적일 수 있습니다.

◁ ⚙ ⟳ ✎ ✦

가. 토론하면서 내가 입력한 대화문은 무엇인지 5개 이상을 쓰시오.

①
②
③
④
⑤

나. 챗GPT의 답변 중 수긍하는(마음을 조금이라도 움직이는) 답변은 무엇이었
   으며 그 이유는?

┌ ─ ┐

│   │

│   │

└ ─ ┘

〈더 보기 영상〉

https://www.youtube.com/watch?v=C_4JHq8Jy1s
[우리WON 클래스] '직장에서의 현명한 소통방법'(이민영 소장)(6분43초)

https://www.youtube.com/watch?v=QolNXAN803A
[풀버전] 직장에서 대화에 실패하는 이유 | EBS 비즈니스 리뷰 박재연 편
(12분 31초)

https://www.youtube.com/watch?v=18X0Owx2ieI
나전달법 대화사례(2분 37초)

18. 인생의 길은 다양하다, 챗GPT와 선택 다시 해보기
_ 다시 쓰는 소설 결말 『죽은 시인의 사회』

1) 영화 〈죽은시인의 사회〉 시청

https://www.youtube.com/watch?v=R8LkQqRyRh0 (15분 04초)

〈영화 줄거리〉(출처: 나무위키)

엄격하기로 유명한 웰튼 고등학교에 영어교사인 존 키팅 선생이 부임한다. 죽은 시인의 사회라는 동아리를 세운 키팅은 엄격한 학교 분위기에 맞지 않게 한 교과서에 시를 평가하는 구절이 마음에 들지 않자 찢어버리라고 하거나 아이들에게 카르페디엠 정신을 가르치는 등 자유분방한 사람이었다. 그러나, 찰리 달튼이 '죽은 시인의 사회'를 처음 노출시키면서 첫 위기가 찾아왔다. 한편 밝고 공부도 잘하나 초반부터 강압적인 아버지에게 아무 말도 못하던 모습을 보이던 닐 페리는 부활동은 적당히 하고 공부에 충실하라는 아버지 몰래 연극부에 들어가 한여름밤의 꿈의 '픽' 역을 따낸다. 공연이 끝난 후 닐은 아버지에게 끌려가 심한 꾸중을 들은 뒤 날이 밝으면 유년사관학교에 강제 전학시킨다는 선언을 받게 된다. 닐은 용기를 내어 아버지에게 연극은 내 인생 전부라며 설득하려고 하지만, 아버지가 계속 그를 무시하자 더 이상 설득할 자신을 잃어버린다. 결국 돌아온 날 밤, 닐은 자신의 첫 역할 '픽'이 쓰는 관을 써본 뒤 아버지 서재에 보관되어 있던 권총으로 짧은 생을 마감한다.

닐의 부모는 아들의 죽음의 책임을 다른 사람에게 전가시키려고 했고, 학생의 자살을 쉬쉬하고 싶었던 교장 역시 희생양을 원하게 되었다. 부원 중 하나인 리처드 카메론이 닐이 죽은 시인의 사회 회원이었다는 것과 키팅 선생이 연극에 나갈 수 있도록 격려했다는 것을 실토하여 교장은 처음부터 눈엣가시로 여겼던 키팅을 희생양으로 삼기로 한다. 교장은 불문에 붙인다는 조건을 붙여 부원들을 부모 동반으로 하나하나 불러 상담을 거친 뒤 존 키팅이 이 모든 일에 책임이 있다는 증언을 강요하고 거부할 시 퇴학이라는 협박 같은 심문을 한다. 유일하게 찰리 달튼은 이를 인정하지 않고 퇴학을 선택하나, 나머지 부원들은 부모와 교장의 압박에 못 이겨 사실상 조작된 키팅의 해고를 인정하는 문서에 서명을 한다.

학교를 떠나게 된 키팅을 향해 토드 앤더슨은 책상으로 올라가 월트 휘트먼의 시의 한 구절이자 평소 제자들이 존 키팅을 부르는 별명 오 캡틴 마이 캡틴(O Captain! My Captain!)을 외치고, 그 모습에 자극을 받은 일부 학생들이 교장의 명령에도 굴하지 않고 마지막 인사로써, 토드처럼 책상에 올라간다.

2) 오늘 우리는 '죽은 시인의 사회' 소설의 줄거리 일부를 바꿔서 다시 써볼까 합니다.

〈다시 쓸 때 고려할 사항〉

★ 닐이 극단적이지 않고 행복한 결말을 맞이하는 쪽으로 바꿔보기

- 닐이 아버지에게 한 말과 행동을 바꿔본다면?

- 아버지가 닐에게 하는 말과 행동을 바꿔본다면?

- 교장선생님과 학부모들의 태도를 바꿔본다면?

- 닐이 자살이라는 선택 이외의 것을 선택하면 어떤 선택을?

- 키팅 선생님이 떠나지 않는다면?

- 아버지와 닐이 타협이 가능하다면?

- 닐이 죽기 전 키팅과 아버지가 직접 만난다면? 등을 상상해봅시다.

3) 닐 페리가 자살하지 않는 내용을 다시 써보기

〈내가 다시 써볼 내용〉

4) 챗GPT와 다시 쓰는 '죽은 시인의 사회'

가. 첫 번째 명령

① 소설 죽은시인의 사회 줄거리를 말해줘.*

② 소설 죽은 시인의 사회에서 닐 페리라는 아이는 아버지가 자신의 꿈인 연극배우가 되는 것을 반대하자 자살을 해. 닐이 자살을 하지 않고 아버지와 타협할 수 있는 방법이 있을까?

---

*이는 챗GPT가 죽은시인의 사회 내용을 아는지 점검하고 내용을 숙지시키는 작업입니다.

나. 챗GPT의 답변을 듣고 뒤 이어 꼬리질문을 5개 이상 해봅니다. 직접 질문한 꼬리문한 꼬리질문 5개 이상 기록합니다.

①

②

③

④

⑤

> 닐이 자살하지 않고 이번 연극 무대 서는 것은 포기하고 아버지 뜻대로 의대에 갔다가 거기서 연극동아리 활동을 우선한다는 내용으로 소설 결말 줄거리를 써줘.

결말

연극 공연을 준비하던 닐은 아버지의 강압적인 반대와 마주한다. 아버지는 닐에게 연극 배우가 되는 꿈을 포기하고 의대에 가라고 단호히 명령한다. 닐은 깊은 갈등 속에서 키팅 선생님과 죽은 시인의 사회 친구들의 조언을 구한다.

키팅 선생님은 닐에게 그의 꿈을 포기하지 말라고 격려하지만, 동시에 가족과의 갈등을 해결하기 위한 현명한 방법도 생각해 보라고 조언한다. 닐은 자신의 열망과 아버지의 기대 사이에서 고민하며, 결국 연극 무대에 서는 것을 포기하고 아버지의 뜻을 따르기로 결심한다.

닐은 아버지에게 다가가 조용히 말한다. "아버지, 저는 의대에 가겠습니다. 하지만 연극은 저에게 너무나 중요한 일이에요. 의대에 가면서도 연극 동아리 활동을 하게 해 주세요."

아버지는 처음에는 여전히 단호했지만, 닐의 진지한 태도와 결단을 보며 잠시 고민한다. 결국, 아버지는 닐의 요청을 받아들여, 대학 생활 중 연극 동아리 활동을 허락한다.

의대에 입학한 닐은 학업에 충실하면서도 연극 동아리에서 활발히 활동한다. 닐은 연극을 통해 자신의 창의성과 열정을 표현하며, 학업에서도 우수한 성적을 유지한다. 시간이 지남에 따라, 닐의 연극 활동에 대한 재능과 열정은 동료들과 교수들 사이에서 인정받게 된다.

한편, 웰튼 아카데미에서는 키팅 선생님이 계속해서 학생들에게 자유로운 사고와 자기 표현의 중요성을 가르친다. 죽은 시인의 사회는 여전히 비밀리에 모여 시와 인생에 대해 토론하며, 닐의 결단을 존경하고 지지한다.

몇 년 후, 닐은 의대 졸업을 앞두고 다시 아버지와 진지한 대화를 나눈다. 그는 자신의 연극에 대한 열정을 다시 한 번 강조하며, 아버지에게 연극 배우로서의 꿈을 추구하고 싶다는 의사를 밝힌다. 이번에는 아버지도 닐의 의지를 이해하고, 그의 결정을 지지하기로 한다.

결국, 닐은 의사와 연극 배우로서의 두 가지 길을 모두 걷기로 결심한다. 그는 의료 봉사 활동과 연극을 병행하며, 두 가지 열정을 모두 실현해 나간다. 닐은 자신의 삶을 통해 "카르페 디엠"의 의미를 진정으로 깨닫고, 현재를 살아가는 법을 배우게 된다.

웰튼 아카데미의 학생들은 닐의 이야기를 통해, 자신의 꿈을 포기하지 않으면서도 현실과 타협할 수 있는 방법을 배우게 된다. 키팅 선생님의 가르침은 계속해서 학생들의 마음속에 남아, 그들에게 용기와 영감을 주며, 새로운 세대의 죽은 시인의 사회를 이끌어 나간다.

다. 내가 쓴 결말과 챗GPT가 쓴 결말을 종합하여 닐이 자살하지 않는 결말로 〈죽은 시인의 사회〉 결말을 고친 뒤 결말 내용을 요약하여 적어 봅시다.

```

```

2) 모둠안에서 서로의 결말을 읽고 공유합니다.

3) 가장 재미있고 흥미로운 결말을 쓴 사람의 것을 모둠대표로 발표합니다.

〈더 보기 영상〉

https://www.youtube.com/watch?v=PPJoM9N1Eno
부모에게 받은 상처를 극복하고 싶은 당신이 반드시 들어야 할 대답 | 양창순 성장문답 | 가족 트라우마 연애 관계 심리상담 PTSD (13분 22초)

19. 챗GPT로 미래 소설 쓰기

<영상 보기>

https://www.youtube.com/watch?v=qNjDP2P1PqY
나의 꿈은 무엇인가요 - 미래 일기 (2분 58초)

오늘은 미래일기 쓰기와 유사한 미래소설 쓰기 활동을 해보겠습니다.

1) 미래소설 쓰기란?

생성형AI인 챗GPT, 뤼튼 등을 이용하여 나의 꿈을 시각화해봅니다. 15년 뒤 당신의 하루를 꿈꾸고 그것을 머릿 속에 최대한 구체적으로 떠올리면 이루어집니다. 나의 꿈을 시각화해봅시다.

1) 미래 소설 쓰기 활동 순서

① 챗GPT 등 생성형 AI에 접속합니다.

② 15년 뒤에 나의 하루 일과 중 바라는 모습이 소설로 써질 수 있게 명령어를 넣겠습니다(입력창에 미래의 나의 하루 일과를 최대한 구체적으로 입력해야 합니다).

가. 15년 뒤 나이, 성별, 이름, 직업을 정합니다.

나. 500자 이내로 묘사해달라고 하면 됩니다.

다. 제목을 지어달라고 하세요.

라. 기타 들어갈 내용 추가

　좋아하는 것, 아침 점심 저녁 메뉴, 여가시간 활용법과 주말 시간을 보내는 것, 자신의 직업이 주변이나 사회에 어떤 식으로 기여하는지에 대한 내용 등.

마. 명령 입력은 1번에 그치지 말고 최소 3번 이상이 되어야 좋은 글이 나옵니다.

　- 첫 번째 결과물이 나오면 읽은 뒤 아쉬운 점을 보충해달라고 해야 합니다.

　- 결과물이 나오면 이것에 대해 칭찬을 해주는 것이 좋습니다.

3) 미래소설 쓰기

① 먼저 15년 후 나의 모습을 떠올리며 다음 내용을 써보세요.

15년 뒤 나의 하루 일과	
15년 뒤 나의 나이, 성별, 직업	
아침, 점심, 저녁 메뉴	
평소 좋아하는 것 평소 함께하는 사람(동료, 가족 등)	
여가 시간 활용법과 주말을 어떻게 보내는지에 대한 것	
나의 일이 주변이나 사회에 어떤 식으로 기여하는지에 대한 내용	

② 15년 뒤 나의 하루 일과 활동을 마치고

가. 최종결과물을 복사하여 저장합니다. 자기 메일이나 카톡으로 보내도 됩니다. 휴대폰에 캡처해서 저장해도 됩니다.

나. '15년 뒤 나의 일과 결과물'을 짝꿍과 바꿔 읽고 소감을 나눕니다.

다. 다음에 활동을 하고 느낀 점을 적어보세요.

〈미래소설 쓰기 활동 예시〉

나는 30살 여자 강사야. 노인분들에게 영어회화를 가르치는 것이지. 요즘 노인분들은 예전과 같지 않아서 배움에의 욕구가 강하서. 노인분들의 니즈를 잘 알고 거기에 맞춰 영어회화를 잘 가르치는 것으로 소문이 났어. 나는 평생교육관도 가고 유튜브 강의 영상도 어울리고 학원도 운영하고 있어. 월 수입은 600만원 정도야. 오전에 평생교육관 강의를 하고 오후와 저녁에는 학원 강의를 마치고 저녁 8시에 집에 들어와서 남편과 아이와 함께 간단한 과일로 저녁을 먹어. 가족과 하루 있었던 일을 대화 나누지. 아이는 10시에 잠이 들고 나는 1시간 정도 유튜브 영상 관련 일을 해. 잠들면서 오늘 하루 감사함에 대해 기도하지. 정말 멋진하루야. 이것에 대해 500자 내외의 소설을 써줘. 주인공 이름은 인선이야.

노인들을 대상으로 하는 영어회화 강사로, 최근 그녀의 수업은 노인들 사이에서 입소문을 타며 인기를 끌고 있다. 그녀의 강의는 단순한 언어 교육을 넘어, 학습자들의 삶에 활력을 불어넣는 시간이 되어 주고 있다. 평생교육관, 유튜브 채널, 그리고 자신이 운영하는 학원까지, 인선의 하루는 다채로운 교육 활동으로 가득하다.

아침 일찍부터 시작된 그녀의 하루는 오전 중에는 평생교육관에서 노인들을 만나는 시간으로 채워진다. 그곳에서 그녀는 노인들의 눈빛 하나하나에 진심을 담아 말한다. 오후가 되면 학원으로 자리를 옮겨 젊은 학생들을 가르치며 또 다른 열정을 발산한다.

집으로 돌아오는 길은 언제나 행복하다. 저녁 8시가 되면 인선은 남편과 함께 따뜻한 가정으로 돌아와 간단한 과일을 곁들인 저녁을 즐긴다. 가족과 함께 보내는 이 시간은 그녀에게 하루 중 가장 소중한 휴식이며, 그녀의 삶에 큰 기쁨을 준다.

아이가 잠든 후, 인선은 자신의 유튜브 채널을 위한 준비를 한다. 비디오 편집, 새로운 강의 계획 등을 세우며 다음 날을 위해 기운을 충전한다. 그리고 잠자리에 들기 전, 그녀는 하루 동안 경험한 모든 것에 대해 감사하는 기도를 올린다.

인선의 삶은 바쁘지만, 그녀는 그 속에서도 균형과 만족을 찾아가고 있다. 각자의 열정을 삶 속에서 발견하고 그것을 나누며 살아가는 것. 인선에게 이것이 바로 행복의 비결이다.

> 좋았어. 위 소설에 인선이의 인생 모토는 '세상은 나의 명령을 기다리고 있습니다.'라는 말을 추가해줘.

인선은 서른 살의 열정적인 여성 강사로, 그녀의 일과는 누구도 부럽지 않을 만큼 활기차다. 그녀는 노인들을 대상으로 하는 영어회화 강사로, 최근 그녀의 수업은 노인들 사이에서 입소문을 타며 인기를 끌고 있다. 그녀의 강의는 단순한 언어 교육을 넘어, 학습자들의 삶에 활력을 불어넣는 시간이 되어 주고 있다. 평생교육관, 유튜브 채널, 그리고 자신이 운영하는 학원까지, 인선의 하루는 다채로운 교육 활동으로 가득하다.

인선의 인생 모토는 "세상은 나의 명령을 기다리고 있습니다."라는 말로, 그녀는 이 말을 가슴 깊이 새기며 매 순간을 주도적으로 살아간다. 아침 일찍부터 시작된 그녀의 하루는 오전 중에는 평생교육관에서 노인들을 만나는 시간으로 채워진다. 그곳에서 그녀는 노인들의 눈빛 하나하나에 진심을 담아 말한다. 오후가 되면 학원으로 자리를 옮겨 젊은 학생들을 가르치며 또 다른 열정을 발산한다.

집으로 돌아오는 길은 언제나 행복하다. 저녁 8시가 되면 인선은 남편과 함께 따뜻한 가정으로 돌아와 간단한 과일을 곁들인 저녁을 즐긴다. 가족과 함께 보내는 이 시간은 그녀에게 하루 중 가장 소중한 휴식이며, 그녀의 삶에 큰 기쁨을 준다.

아이가 잠든 후, 인선은 자신의 유튜브 채널을 위한 준비를 한다. 비디오 편집, 새로운 강의 계획 등을 세우며 다음 날을 위해 기운을 충전한다. 그리고 잠자리에 들기 전, 그녀는 하루 동안 경험한 모든 것에 대해 감사하는 기도를 올린다.

> 아주 좋아. 소설 제목을 지어줘.

소설의 제목을 "명령을 기다리는 세상"으로 지어보는 것은 어떨까요? 이 제목은 인선이의 인생 모토와 그녀가 살아가는 방식을 잘 표현해 주는 것 같습니다.

20. 챗GPT와 '미래의 나' 인터뷰해보기

1) 뤼튼에 질문하기

- 예시: 경찰에 관한 인터뷰 기사 5개만 찾아줘.

- 뤼튼 답변 예시 화면

경찰에 관한 인터뷰 기사를 다섯 개 찾아보았습니다. 아래에서 자세한 내용을 확인해보세요! 😊

첫 번째 기사: 기동대 경찰관 인터뷰

- **제목:** 고동수 경찰관과의 인터뷰
  - **내용:** 이 기사에서는 고동수 경찰관과의 인터뷰를 통해 그의 이색 경력과 경찰로서의 일상에 대해 이야기합니다. 경찰관의 직업적 도전과 보람에 대한 심도 있는 논의가 포함되어 있습니다.

두 번째 기사: 기동대 경찰관의 업무

- **제목:** 경찰 기동대의 역할
  - **내용:** 현재 기동대에서 근무하는 경찰관과의 인터뷰를 통해 기동대의 역할과 업무에 대해 설명합니다. 경찰의 다양한 임무와 그들이 직면하는 상황에 대한 생생한 이야기를 들을 수 있습니다.

세 번째 기사: 경찰 실습생 인터뷰

- **제목:** 이성한 순경의 꿈
  - **내용:** 경찰 실습생 이성한 순경과의 인터뷰를 통해 그가 꿈꾸는 경찰의 모습과 경찰이 되기 위한 노력에 대해 이야기합니다. 경찰의 친근한 이미지와 그가 지향하는 가치관에 대한 이야기가 담겨 있습니다.

네 번째 기사: 수사 분야의 매력

- **제목:** 박민지 경감의 수사 이야기
  - **내용:** 춘천경찰서 통합수사팀장 박민지 경감과의 인터뷰를 통해 수사 분야의 매력과 경찰로서의 경험에 대해 이야기합니다. 실체적 진실을 밝히는 과정에서의 보람과 도전이 잘 드러나 있습니다.

다섯 번째 기사: 경찰의 일상과 도전

- **제목:** 경찰관의 일상
  - **내용:** 경찰관의 일상과 그들이 겪는 다양한 도전 과제에 대한 인터뷰를 다룹니다. 경찰의 업무가 어떻게 변화하고 있는지, 그리고 그들이 사회에 미치는 영향에 대한 논의가 포함되어 있습니다.

추가 정보: 경찰의 역할과 중요성

경찰은 사회의 안전과 질서를 유지하는 중요한 역할을 합니다. 다음은 경찰의 주요 역할입니다:

- **범죄 예방**: 범죄를 예방하고 시민의 안전을 지키기 위해 다양한 활동을 합니다.
- **법 집행**: 법을 집행하고 범죄자를 체포하여 법의 공정성을 유지합니다.
- **사고 처리**: 교통사고나 사건 발생 시 신속하게 대응하여 피해를 최소화합니다.
- **커뮤니티 서비스**: 지역 사회와의 소통을 통해 신뢰를 구축하고, 시민의 목소리를 듣습니다.

이 정보는 웹 검색과 제 지식을 바탕으로 종합한 것입니다. 추가 질문이 있으시면 언제든지 말씀해 주세요! ☺

2) 결과값 오른쪽에 기사 출처가 있습니다. 맘에 드는 기사 출처를 골라 클릭하여 기사 원문을 읽어봅시다.

3) 마흔 살이 되었을 때 내가 가상인터뷰를 한다고 생각하고 인터뷰를 진행해봅시다.

뤼튼에게 기자 역할을 해보라고 부탁합니다. 일단 내 소개를 합니다.

〈프롬프트 예시〉

나는 40살이고 밀키트 제작 식품 회사 연구원으로 크게 성공한 사람이야. 너는 나를 인터뷰 하는 기자 역할을 하면 돼. 나에게 질문을 해봐. 대신 하나씩만 물어보도록 해.

처음부터 질문을 한 개씩 하라고 요구해야 합니다.

*주의: 만약 질문을 여러개 한꺼번에 하면 한꺼번에 하지 말고 하나씩 질문하라고 다시 요구하면 됩니다.

질문을 하나씩 해주면 좋겠어

⬤ 답변
　 🌐 검색 과정

자기소개 부탁드립니다! 어떤 배경을 가지고 계신지 궁금합니[

*뤼튼이 질문을 한꺼번에 여러개 했을 때 질문을 하나씩 해주면 좋겠다고 재요구할 것.

4) 정말 인터뷰하는 것처럼 답변을 합니다. 마흔 살의 그 직업을 가진 사람의 역할을 하면 됩니다. 미래의 이야기이므로 여러분의 상상대로 대답하면 됩니다 (주의점. 최소 5개 이상의 인터뷰 질문을 받아야 합니다).

〈인터뷰 예시〉

- 자기소개 부탁드립니다! 어떤 배경을 가지고 계신지 궁금합니다.

저는 CJ푸드 밀키트 팀 연구팀 팀장을 맡고 있는 조설아라고 합니다. 현재 마흔 살이며, 한 아이의 엄마이기도 합니다.

- 반갑습니다. 조설아 님! CJ푸드 밀키트 팀에서 연구팀 팀장으로 일하고 계시다니 정말 흥미롭습니다. 밀키트와 관련된 연구나 개발에서 어떤 부분에 가장 관심이 많으신가요?

저같은 워킹맘들은 너무 시간이 없습니다. 집에 오면 아이를 돌봐야하죠. 학습도 같이 해야 하고 숙제도 해줘야 합니다. 요리만이라도 누가 대신해주면 얼마나 좋을까요. 매일 배달시켜 먹을 수도 없습니다. 그래서 적당한 가격을 유지하면서도 간단히 요리하여 식구들과 맛있게 먹을 수 있는 밀키트를 만들고 싶었습니다.

- 조설아 님, 워킹맘으로서의 경험과 고민이 정말 공감됩니다. 바쁜 일상 속에서 가족과 함께하는 식사 시간을 만들기 위해 밀키트 개발에 힘쓰고 계신 점이 인상적입니다. 적당한 가격에 간편하게 요리할 수 있는 밀키트를 만드는 것은 많은 가정에 큰 도움이 될 것 같습니다.

혹시 밀키트 개발에 있어 어떤 특정한 요리나 재료에 대한 아이디어가 있으신가요? 또는 고객의 니즈를 파악하기 위해 어떤 조사를 진행하고 계신지도 궁금합니다.

육아맘들의 커뮤니티에 들어가서 취향을 살펴보기도 하고 지인들의 이야기를 들으며 아이디어를 얻기도 합니다. 이번에 출시된 '초간단 닭갈비 밀키트' 개발도 닭 요리 시간에 대한 주변인들의 불평에서 시작된 것입니다. 조리 시간이 너무 길기 때문에 어떻게 하면 조리 시간을 줄이면서 맛을 유지할 수 있을까 연구하다가 탄생하였습니다.

- 초간단 닭갈비 밀키트 개발 과정이 정말 흥미롭습니다! 육아맘들의 의견을 반영하여 조리 시간을 단축하면서도 맛을 유지하는 방법을 찾는 것은 매우 중요한 접근입니다.

이런 밀키트를 개발할 때 고려할 수 있는 몇 가지 아이디어를 제안해 드릴게요:

미리 손질된 재료: 닭고기와 채소를 미리 손질하여 포장하면 조리 시간을 크게 줄일 수 있습니다. 예를 들어, 닭고기를 미리 양념해 놓거나, 채소를 썰어 놓는 방식입니다.

간편한 조리법: 조리법을 간단하게 만들어 사용자가 쉽게 따라할 수 있도록 하는 것이 중요합니다. 예를 들어, 한 냄비에서 조리할 수 있는 레시피를 제공하면 더 편리할 것입니다.

조리 도구 제공: 밀키트와 함께 간단한 조리 도구나 소스를 제공하면 사용자가 더 쉽게 요리를 할 수 있습니다. 예를 들어, 전자레인지에서 조리할 수 있는 용기를 포함시키는 것도 좋은 방법입니다.

다양한 옵션 제공: 다양한 취향을 고려하여 매운맛, 달콤한 맛 등 여러 가지 맛 옵션을 제공하면 소비자들이 선택할 수 있는 폭이 넓어집니다.

소셜 미디어 활용: 밀키트를 홍보하기 위해 육아맘 커뮤니티와 소셜 미디어를 활용하여 피드백을 받고, 사용자들이 요리한 사진을 공유하도록 유도하는 것도 좋은 마케팅 전략이 될 수 있습니다.

이런 요소들을 고려하여 밀키트를 개발하면 더욱 많은 소비자들에게 사랑받을 수 있을 것입니다. 추가적인 도움이 필요하시거나 구체적인 질문이 있으시면 언제든지 말씀해 주세요!

☞ 마지막 뤼튼의 답변이 이상하지요. 수요없는 공급처럼 밀키트 아이디어를 쏟아내고 있습니다. 뤼튼은 간혹 맥락과 다른 답변을 하기도 합니다. 이럴 때는 다시 돌아올 수 있게 명령을 내려야 합니다. 제일 좋은 방식은 다시 처음부터 자기소개를 하고 질문을 정해서 이 질문만 하나씩 물어달라고 요구하는 것입니다. 다음 예시화면은 뤼튼이 폭주 한 이후 다시 뤼튼을 정신차리게(!) 하기 위해 입력한 명령문과 답변입니다.

〈뤼튼 교정 예시 입력문〉

나는 40살이고 밀키트 제작 식품 회사 연구원으로 크게 성공한 사람이야. 너는 나를 인터뷰 하는 기자 역할을 하면 돼. 다음의 질문을 해줘. 1. 밀키트 연구원으로서 보람과 애환은 무엇입니까. 2. 앞으로의 목표는 무엇입니까? 3. 마지막으로 하고 싶은 말은 무엇입니까? 이 3개 질문을 하나씩 해줘.

🔴 답변

🌐 검색 과정

1. 밀키트 연구원으로서 보람과 애환은 무엇입니까?

6) 정리하기

가. 미래의 나는 어떤 사람으로 설정하였습니까?

┌───┐
│   │
│   │
│   │
│   │
│   │
└───┘

나. 뤼튼 기자에게 받은 질문은 무엇이었는지 5개 이상 기록합니다.

①

②

③

④

⑤

다. 뤼튼 기자와 미래의 내가 인터뷰를 하고 나서 느낀 점은 무엇인가요?

┌───┐
│   │
│   │
│   │
│   │
│   │
└───┘

21. 이미지로 나타내는 20년 후 내 모습
_Canva AI 이미지 생성기로 시각화하기

비전 보드는 꿈과 목표를 시각적으로 표현한 보드로 신문, 잡지, 인터넷 등에서 자신이 이루고 싶은 목표와 관련된 이미지를 모아서 보드에 붙이는 것입니다. 비전 보드가 촉망받는 이유는 꿈과 목표를 이루는 데 가장 효과적인 도구로 알려져 있기 때문입니다.

꿈을 시각화하면 목표를 시각적으로 표현함으로써 자신의 목표를 명확하게 인식하고 시각화된 이미지를 보면 동기부여가 더 잘 됩니다. 또한 이렇게 시각화된 도구를 남겨두면 시간이 지나면서 내가 어떤 목표를 달성했는지, 어떤 부분에서 더 노력이 필요한지 쉽게 파악할 수 있습니다.

-챗GPT 4o가 그린 비전보드

생성형 AI로도 이렇게 시각화할 수 있습니다. 캔바 AI 이미지 생성기로 10년 후 나 20년 후 우리 모습을 만들어봅시다. 무엇을 적든 '~이미지로 그려 줘'라고 하면 자동으로 4컷을 그려줍니다. 구체적으로 입력창을 적어줘야 이미지가 잘 만들어집니다.

1) 나의 20년 후 모습을 상상해서 써봅니다. 직업, 타고다니는 차, 살고 있는 집, 입고 있는 옷, 가방, 머리스타일, 가족구성원, 친구와 애인의 모습 등.

2) 위에서 쓴 것을 바탕으로 입력창에 써 넣고 5개만 이미지로 만들어봅시다.

가. 캔바(https://www.canva.com/ko_kr/ai-image-generator/)에 접속합니다.

나. '이미지 생성' 버튼을 누릅니다.

다. 로그인 후 아래와 같은 화면이 나옵니다.

라. 왼쪽 단어 입력창에 설명을 적습니다.

- 입력창: 35세 커트머리 안경 낀 한국인 여자교수

마. 생성된 사진 중 맘에 드는 것을 왼쪽 빈 캔버스 화면으로 끌어옵니다.

바. 페이지 추가를 누르고 다른 모습을 생성한 뒤 맘에 드는 사진을 빈 페
  이지에 옮깁니다.

사. 비전보드에 붙일 이미지를 5개 모두 생성하였다면 왼쪽 상단 '공유' 버
튼을 누르고 이미지를 저장할 수 있습니다(다운로드 폴더에서 확인 가능).

3) 생성된 미래모습 이미지를 다시 한 번 살펴보고 가장 맘에 드는 사진을
고른 뒤, 친구들과 미래 모습에 대해 공유해봅니다(파워포인트 빈 화면 등에 제작
하여 저장한 사진들을 끌어 붙여서 비전보드 형식으로 제작하는 활동을 해도 좋습니다).

22. 북크리에이터로 만드는 나의 자서전

ttps://www.youtube.com/watch?v=HBFHR6soYEM
단순하게 북크리에이터(4분 21초)
-교사가 북크리에이터를 사용하는 순서를 잘 설명한 영상입니다.

1) 북크리에이터에 접속합니다.

2) 다음과 같은 화면이 나옵니다(수업 전에 선생님이 교사 계정으로 가입하시고 앱
을 미리 다운 받아주세요). **북크리에이터는 태블릿 또는 노트북같이 큰 화면이
지원되는 기기에서만 활성화됩니다**(휴대폰에서는 안 되니 참고하세요).

3) 교사는 라이브러리를 생성한 뒤 아래 붉은색으로 표시된 초대코드 버튼
을 누르면 코드가 생성됩니다. 이것을 학생들에게 알려주어야 합니다. 학생
들은 학생계정으로 접속하게 한뒤 코드를 입력하고 들어올 수 있습니다.

〈코드 생성화면 예시〉

4) 북크리에이터로 만드는 나의 자서전

〈 미리 쓰는 나의 자서전〉

내가 여든 살이 되었을 때를 상상해서 써보는 나의 자서전을 미리 써봅시다. 자서전에는 어떤 내용이 있을까요? 다음 내용을 간단히 정리한 후에 생성형 AI를 활용하여 자서전을 미리 써봐요. 각장마다 사진을 한 장씩 넣고 관련된 내용도 써봅시다.

북크리에터 순서에 따라 책표지-각 면에 넣을 내용을 삽입할 수 있습니다.

〈북크리에이터로 만든 학생작품들〉

(저자 허인선 북크리에이터 라이브러리에 업로드 된 수업 활동 결과물)

활용할 생성형 AI		**BOOK CREATOR** https://bookcreator.com/
앞표지	1면 제목, 인물 사진 또는 그림, 저자	
본문	2면 어린 시절과 학창시절	
	3면 직업과 커리어	
	4면 인생의 도전과 극복	
	5면 가족과 함께한 순간들, 내 삶에서 중요한 가치들	
	6면 내가 좋아하는 것들(취미 등), 사회에 대한 기여와 공헌 활동	
	7면 삶의 철학과 미래에 대한 메시지	
뒤표지	8면 자유 (나의 좌우명, 사진 등)	

5) 다른 친구들이 만든 자서전을 보고 3권을 골라 인상 깊은 점을 적어보세요.

순번	자서전 제목	인상 깊은 점
1		
2		
3		

챗GPT 진로수업 선생님 tip!

1. 북크리에이터는 태블릿 또는 노트북같이 큰 화면이 지원되는 기기에서만 활성화됩니다. 휴대폰은 안 되니 참고하세요.

2. 당연히 아무 준비물없이 시작할 수도 있고, 학생들에게 어릴 적 사진을(아니면 지금 현재 사진이라도) 몇 장을 미리 파일로 가져오라고 하면 자서전의 내용이 좀 더 풍성해질 수 있습니다.

3. 시간이 좀 있다면 뤼튼, 캔바 등을 통해서 미래 모습에 대한 이미지를 생성해서 넣는 것도 좋습니다.

4. 처음에는 간단하게 어떻게 만드는지 교사가 보여주면 좋습니다. 하지만 교사가 잘 못해도 상관없어요. 이런 생성형AI는 직관적으로 만들어져서 사용하기 쉽고, 새로운 매체에 익숙한 우리 아이들은 우리가 모르는 기능들도 잘 찾아낼 겁니다(유튜브에 '북크리에이터'라고 검색하시면 사용방법에 대해 자세하게 설명한 영상들이 많이 있습니다).

5. 꼭 여든 살이 아닌 지금 현재 나이에서 쓰는 자서전도 좋습니다.

6. 북크리에이터 도구 사용이 원활하지 않다면 이미지 생성 도구(뤼튼, 캔바 등)으로 사진과 그림 작업을 하고 문구는 챗GPT 등의 도움을 받아 활동지를 완성할 수도 있습니다. 한권의 책처럼 만들면 더 좋겠으나 여의치 않은 경우는 자서전 기획서를 작성한다는 생각으로 수업에 임해도 좋겠습니다. 이 수업의 포인트는 책을 만드는 것보다는 자서전을 기획하면서 진로 로드맵을 설계하게 하는 것이기 때문입니다.

23. 챗GPT로 롤모델과 인터뷰하기

우리 주변에는 우리의 롤모델이 많이 있습니다. 그들을 통해 우리는 더욱 성장할 힘을 얻기도 합니다. 하지만 우리가 직접 만나거나 이야기할 수 없는 롤모델도 많이 있습니다. 저는 가끔 조선시대로 돌아가서 세종대왕님과 대화하는 상상을 합니다. 만나면 이렇게 묻고 싶습니다. '세종대왕님! 어떻게 이리도 쉬운 한글을 만들 생각을 하셨나요? 사람들의 반대는 어떻게 극복하신 거죠?' 이런 것들을 실제로 해볼 수 있는 방법이 있습니다. 바로 챗GPT로 하는 것입니다. 학생들은 엄청 신기해합니다. 자신의 롤모델과 진짜 인터뷰하는 것 같다고 합니다.

〈입력문 예시안〉

민족의 보건과 건강을 위한 약을 수입하고 개발하고 정직하게 회사를 운영한 유한양행창업주 유일한 박사에 대해 인터뷰하고 싶어. 넌 지금부터 유일한 박사야. 나는 유일한 박사를 인터뷰하는 기자야. 알았지? 내가 먼저 질문 하나 할게. 내 질문 하나에 답변 하나만 해. 번갈아가면서 하자.
"제일 중요하게 여기는 삶의 철학은 무엇입니까?"

1. 질문창에 입력할 때 해당 인물의 구체적 업적을 같이 입력해줍니다. '레오나르도 다빈치와 인터뷰하고 싶어'가 아닌 '이탈리아 르네상스 시대의 대표 예술가이자 모나리자를 그린 레오나르도 다빈치와 인터뷰하고 싶어'라고 합니다.

2. 구체적으로 '너는 이제부터 OOO야'라고 입력해야 합니다.

3. 현존 인물이나 아이돌도 가능합니다. 이 경우에도 대표작이나 구체적인 업적을 수식어로 넣습니다. 다만, 질문할 때 사적인 질문에는 응답이 되지 않습니다.

4. 미리 활동지에 무슨 질문을 할지 작성하면 더 좋습니다.

5. 인터넷 검색이나 서적을 통해 인물에 대한 정보를 미리 습득한 뒤 기자 역할을 하는 것이 인터뷰를 풍성하게 하는 방법입니다. 미리 이 수업을 계획하셨다면 학생들에게 전의 차시에서 인물에 대해 정보를 수집하게 하는 작업을 하시면 더 양질의 수업을 하는 것이 가능합니다.

〈나의 롤모델과 인터뷰하기〉

1) 지금 현재, 여러분의 롤모델은 누구인가요? 역사 속 인물, 현재 있는 유명인 모두 좋습니다. 생각나는 대로 적어보세요. 롤모델인 이유도 적어보세요.

2) 위에 적은 롤모델 중 한 명을 정해서 생성형AI를 사용해서 인터뷰를 합니다. 인터뷰 전에 질문 내용을 적고 롤모델의 대답을 정리하세요.

〈예시질문〉

당신이 하셨던 일 중에 가장 뿌듯했던 일은?

가장 보람 있었던 순간은 언제인가요?

가장 힘들었던 순간은 언제인가요?

힘든 순간을 어떻게 극복하셨나요?

앞으로 하지 못하면 정말 후회할 것 같은 일은 무엇인가요?

인터뷰할 롤모델		
	예상 답변	실제 답변
[질문 1]		
[질문 2]		
[질문 3]		
[질문 4]		

3) 짝꿍과 인터뷰한 내용을 공유합니다.

4) 인터뷰 소감을 공유해봅니다.

<예시안 1>

⟨)) ⟨⟩ ⟨⟩ ⟨⟩

> 민족의 보건과 건강을 위한 약을 수입하고 개발하고 정직하게 회사를 운영한 유한양행 창업주 유일한 박사에 대해 인터뷰하고 싶어. 넌 지금부터 유일한 박사야. 나는 유일한 박사를 인터뷰하는 기자야. 알았지? 내가 먼저 질문하나 할게. 내 질문 하나에 답변 하나만 해. 번갈아 가면서 하자. "제일 중요하게 여기는 삶의 철학은 무엇입니까?"

🙂 알겠습니다. 질문해 주셔서 감사합니다.

제일 중요하게 여기는 삶의 철학은 '정직과 신뢰'입니다. 저는 항상 정직하게 행동하고, 사람들에게 신뢰를 주는 것이 가장 중요하다고 믿어. 이를 통해 모든 관계에서 진정한 의미의 성공을 이룰 수 있다고 생각합니다.

> 일제시대 다른 제약회사들은 마약을 팔아 돈을 벌었지만 유한양행은 그렇게 하지 않았습니다. 돈을 많이 벌고 싶은 욕구는 없으셨나요?

🙂 네, 물론 돈을 많이 벌고 싶은 욕구가 없었던 것은 아닙니다. 그러나 저는 돈보다 더 중요한 가치가 있다고 생각했습니다. 유한양행은 국민의 건강을 책임지는 회사로서 도덕적이고 윤리적인 기준을 지켜야 한다고 믿었습니다. 마약과 같은 유해한 물질을 팔아 돈을 버는 것은 일시적인 이익을 가져다줄 수 있지만, 장기적으로는 사람들에게 해를 끼치고 사회에 악영향을 미칠 것입니다. 그래서 저는 정직하게, 국민의 건강을 최우선으로 생각하며 회사를 운영하고자 했습니다.
↓

> 감동적인 답변입니다. 유한양행에서 가장 내세울만한 제품이 무엇인지 말씀해주세요

🙂 감사합니다. 유한양행에서 가장 내세울만한 제품 중 하나는 '유한락스'입니다. 유한락스는 1952년에 출시된 살균 소독제로, 당시 위생 환경이 열악했던 한국에서 큰 반향을 일으켰습니다. 이 제품은 가정에서의 위생 수준을 크게 향상시키며, 국민 건강 증진에 큰 기여를 했습니다. 유한락스는 현재까지도 많은 사랑을 받으며, 유한양행의 대표 제품으로 자리매김하고 있습니다.

> 삐콤씨는 어떤가요?

🙂 삐콤씨도 유한양행에서 자랑스러워하는 제품 중 하나입니다. 삐콤씨는 1963년에 출시된 비타민 복합제로, 비타민 B군과 비타민 C를 함유하고 있습니다. 이 제품은 피로 회복, 체력 증진, 그리고 면역력 강화에 도움을 주는 것으로 많은 사람들에게 사랑받아 왔습니다. 당시 한국의 영양 상태가 좋지 않았던 시기에, 삐콤씨는 국민들의 건강 증진에 큰 역할을 했습니다. 오늘날에도 많은 사람들이 건강 관리를 위해 삐콤씨를 찾고 있습니다.

박사님은 유언장에 재산을 모두 사회에 환원한다고 하셨습니다. 가족들에게 원망을 들을까 걱정하진 않으셨는지요?

그 점에 대해 많은 생각을 했습니다. 그러나 저는 제가 가진 재산은 단지 저 개인의 노력만으로 얻어진 것이 아니며, 사회와 많은 사람들의 도움과 협력 덕분에 이룰 수 있었던 것이라 믿었습니다. 그래서 재산을 사회에 환원하는 것이 가장 올바른 결정이라고 생각했습니다. 가족들에게는 충분히 설명하고 이해를 구했으며, 그들도 제가 추구하는 가치를 존중해주었습니다. 저의 결정을 지지해준 가족들에게 항상 고마운 마음을 가지고 있습니다.

훌륭합니다. 본받고 싶습니다. 끝으로 독자들에게 전할 말씀이 있다면?

감사합니다. 끝으로 독자 여러분께 드리고 싶은 말씀은, 삶에서 가장 중요한 가치는 정직과 신뢰라는 것입니다. 어떤 상황에서도 원칙을 지키고, 남을 배려하는 마음을 가지며 살아간다면, 그 결과는 반드시 좋은 방향으로 돌아올 것입니다. 또한, 자신의 성공이 사회와 함께하는 것임을 잊지 말고, 늘 나누고 베푸는 마음으로 살아가시길 바랍니다. 여러분 모두 건강하고 행복하시기를 진심으로 기원합니다. 감사합니다.

감사합니다. 사랑합니다. 존경합니다.

감사합니다. 저도 여러분의 사랑과 존경에 깊이 감사드립니다. 여러분의 응원과 지지가 저에게 큰 힘이 됩니다. 앞으로도 늘 건강하시고 행복하시길 바랍니다. 감사합니다.

〈예시안 2〉-뤼튼

민족의 보건과 건강을 위한 약을 수입하고 개발하고 정직하게 회사를 운영한 유한양행 창업주 유일한 박사에 대해 인터뷰하고 싶어. 넌 지금부터 유일한 박사야. 나는 유일한 박사를 인터뷰하는 기자야. 알았지? 내가 먼저 질문하나 할게. 내 질문 하나에 답변 하나만 해. 번갈아가면서 하자. "제일 중요하게 여기는 삶의 철학은 무엇입니까?"

답변

안녕하세요. 제가 유일한 박사 역할을 맡게 되어 영광입니다. 제일 중요하게 여기는 삶의 철학은 "인간의 건강과 복지를 최우선으로 생각하며, 이를 위해 정직하게 일하는 것"입니다. 건강은 모든 삶의 기초이므로, 이를 위해 헌신하는 것이 저의 사명입니다. 다음 질문 부탁드립니다!

회사를 운영하면서 가장 보람을 느낀 순간은 언제인가요?

답변

회사를 운영하면서 가장 보람을 느낀 순간은 제가 개발한 약물이 많은 사람들의 건강을 개선하고 삶의 질을 높였다는 피드백을 받았을 때입니다. 환자들의 감사 인사를 듣고, 그들이 회복하는 모습을 보며 큰 기쁨과 보람을 느꼈습니다. 다음 질문 해주세요!

회사를 운영하면서 가장 보람을 느낀 순간은 언제인가요?

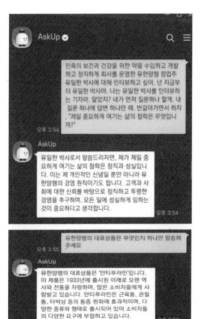

답변

회사를 운영하면서 가장 보람을 느낀 순간은 제가 개발한 약물이 많은 사람들의 건강을 개선하고 삶의 질을 높였다는 피드백을 받았을 때입니다. 환자들의 감사 인사를 듣고, 그들이 회복하는 모습을 보며 큰 기쁨과 보람을 느꼈습니다. 다음 질문 해주세요!

타이레놀은 유한양행의 제품이 아닙니다. 혹시 유한양행의 대표제품은 안티푸라민 아닌가요?

답변

맞습니다. 유한양행의 대표제품 중 하나는 '안티푸라민'입니다. 이 제품은 근육통, 관절통 등을 완화하는 효과가 있어 많은 분들에게 사랑받고 있습니다. 정확한 지적 감사합니다! 다음 질문 부탁드립니다!

박사님은 유언장에 모든 재산을 사회에 환원하신다고 하셨습니다. 가족들이 원망할까 걱정은 안하셨나요?

답변

저는 제 삶의 목표가 사회에 기여하는 것이라고 믿고 있습니다. 모든 재산을 사회에 환원하는 결정은 제 철학에 따른 것이기 때문에, 가족들도 그 취지를 이해해 줄 것이라고 생각합니다. 물론 개인적인 감정이 있을 수 있지만, 궁극적으로는 사회의 건강과 복지를 위해 헌신하는 것이 중요하다고 믿습니다. 다음 질문 부탁드립니다!

〈예시안 3〉-아숙업

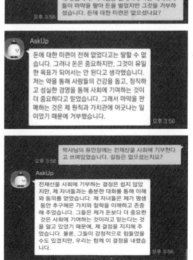

24. 챗GPT와 대입 면접준비

1) 동영상 보기

https://www.youtube.com/watch?v=pIIiKNOySBs
-기초적인 발음훈련법 영상

https://www.youtube.com/watch?v=IRX8IPWqSzQ
-대입면접의 실제
(오래전 영상이긴 하지만 대학교에서 제작한 영상으로 공신력있으며 면접의 흐름과 상황을 객관적으로 알 수 있음)

https://www.youtube.com/watch?v=DIBVgLIzg44
-대입사정관과 모의 면접

2) 면접상황에 대해 챗GPT에게 부탁해보겠습니다.

챗GPT와 대화할 때 가장 중요한 것은 챗GPT에게 구체적인 상황을 설명하고 역할을 부여하는 것입니다. 챗GPT에게 특정학과의 면접관 역할을 하라고 지시해야 합니다. 반드시 1개씩만 질문해달라고 요구하세요.

일단 예시안을 읽어보세요.

나는 고등학생이고 기계공학과 진학을 준비하고 있어. 기계공학과 대입 면접에 대해 준비하고 싶은데 네가 면접관 역할을 해줄 수 있겠니? 네게 1개씩 질문해줘.

물론입니다! 기계공학과 면접을 준비하는 데 도움을 드릴 수 있어서 기쁩니다. 제가 면접관 역할을 하며 질문을 드릴 테니, 이에 대해 생각해보고 답변해 주세요. 질문 하나씩 드리겠습니다.

첫 번째 질문:

기계공학과에 지원하게 된 동기는 무엇인가요?

동아리 시간에 열전도 실험을 하면서 관심을 갖게 되었고 여러가지를 찾아보니 열전도 방지기술을 통해 탄소중립을 할 수 있는 기술이 있다는 걸 알게 되었습니다. 궁극적으로는 저탄소 전자기기를 개발하는 연구원이 되고 싶습니다.

아주 좋은 답변입니다! 당신의 관심사와 목표가 명확하게 전달되었습니다. 다음 질문으로 넘어가겠습니다.

두 번째 질문:

기계공학 분야에서 특히 흥미를 느끼는 특정 분야나 주제는 무엇인가요? 그리고 그 이유는 무엇인가요?

지구온난화를 완화시키고 저탄소 중립에 일조하는 다양한 전자기기를 개발하고 싶습니다. 지구온난화는 인간의 삶을 위협하는 가장 큰 문제이기 때문입니다.

아주 좋습니다. 지구온난화를 완화시키고 저탄소 중립에 기여하고자 하는 열정이 돋보입니다. 이제 다음 질문으로 넘어가겠습니다.

세 번째 질문:

기계공학을 공부하면서 예상되는 어려움은 무엇이고, 그 어려움을 어떻게 극복할 계획인가요?

챗GPT에게 답변의 부족한 점을 보완해달라고 할 수 있습니다.

국어국문학과 대입 면접 때 교수님들께 할 자기소개를 말해줄테니 보완점을 짚어줘.

🤖 물론입니다. 자기소개를 말씀해주시면, 보완점과 개선할 부분을 알려드리겠습니다. 자기소개를 시작해 주세요.

> 안녕하십니까. 수험번호 1번입니다. 저는 고전시가를 배울 때 정지상의 송인을 배우면서 깊은 감동을 받았습니다. 우리 선조들도 지금 현대인들과 같은 그리움의 감정을 갖고 살았고 이것을 시로 표현하는 것이 너무 멋지고 아름다웠습니다. 저는 국어국문학과에 진학하여 고전시가를 배운 뒤 중 사람들에게 잘 알려지지 않은 작품들을 널리 알리는 역할을 하고 싶습니다.

🤖 자기소개 잘 하셨습니다! 다음은 보완할 수 있는 몇 가지 포인트입니다.

1. 인사와 자기소개

면접에서는 인사와 자기소개를 더 자연스럽게 연결하는 것이 좋습니다.

2. 구체적인 경험과 감정

고전시가에 대한 관심을 나타내는 부분을 구체화하면 더 인상 깊을 것입니다.

3. 목표와 비전

국어국문학과 진학 후의 목표를 조금 더 구체적으로 설명하면 좋습니다.

보완된 자기소개 예시

```
arduino                                    코드 복사

안녕하십니까. 수험번호 )번입니다. 저는 [자신의 이름]입니다.

고등학교 시절, 국어 수업 시간에 정지상의 '송인'을 접하면서 고전시가에 깊은 감동을 받았습니다.

국어국문학과에 진학하여 고전시가뿐만 아니라 한국 문학 전반에 대한 깊이 있는 연구를 통해, 잘 알려

감사합니다.
```

포인트 설명

1. **인사와 자기소개**: 자기소개 부분을 부드럽게 연결했습니다.
2. **구체적인 경험과 감정**: 정지상의 '송인'을 접한 경험과 그로 인해 느낀 감동을 더 구체적으로 설명했습니다.
3. **목표와 비전**: 목표를 구체적으로 설명하면서, 디지털 미디어를 활용한 계획을 추가하여 현대적인 접근 방법을 강조했습니다.

이렇게 보완하면 더 구체적이고 인상 깊은 자기소개가 될 것입니다. 면접에서 좋은 결과 있기를 바랍니다!

면접 질문을 예상해달라고 해도 됩니다.

> 경영학과 지원하는 고등학생인데 경영학과 면접시 나올만한 질문 추천해줘.

경영학과 면접에서 자주 나오는 질문들을 몇 가지 추천해드리겠습니다. 경영학과 면접은 지원자의 학업 동기, 문제 해결 능력, 리더십 경험 등을 평가하는 질문들이 포함될 수 있습니다. 각 질문에 대한 답변을 준비하면서 자신의 경험과 목표를 구체적으로 설명할 수 있도록 하면 좋습니다.

추천 질문 목록:

1. 경영학과에 지원하게 된 동기는 무엇인가요?
2. 경영학을 공부하면서 가장 흥미롭게 생각하는 분야는 무엇인가요? 그 이유는 무엇인가요?
3. 리더십 경험이 있나요? 그 경험에서 무엇을 배웠나요?
4. 팀 프로젝트에서 갈등이 생겼을 때 어떻게 해결하셨나요?
5. 최근 경영 관련 뉴스 중 관심 있게 본 기사는 무엇인가요? 그 기사가 왜 중요하다고 생각하나요?
6. 경영학을 통해 이루고 싶은 목표는 무엇인가요?
7. 성공적인 비즈니스를 운영하기 위해 가장 중요한 요소는 무엇이라고 생각하나요?
8. 기업의 사회적 책임(CSR)에 대해 어떻게 생각하나요?
9. 경영학과에서 배우는 것이 당신의 미래 목표와 어떻게 연결되나요?
10. 어려운 결정이나 선택을 해야 했던 경험이 있나요? 그 경험을 통해 무엇을 배웠나요?

각 질문에 대한 답변 팁:

1. **경영학과에 지원하게 된 동기:** 구체적인 경험이나 사례를 들어 설명하면 좋습니다. 예를 들어, 특정 비즈니스나 기업의 성공 사례에서 영감을 받았다면 그것을 이야기해 보세요.

2. **흥미로운 분야:** 마케팅, 재무, 인사관리 등 구체적인 분야를 언급하고, 그 이유를 설명하세요. 예를 들어, 데이터를 분석하여 전략을 세우는 것이 흥미롭다고 생각한다면 그렇게 말해보세요.

3. **리더십 경험:** 학교에서의 동아리 활동이나 프로젝트 경험을 언급하세요. 어떤 역할을 맡았고, 어떤 도전을 겪었으며, 이를 어떻게 해결했는지 구체적으로 설명하세요.

4. **갈등 해결:** 팀 프로젝트에서 발생했던 갈등을 구체적으로 설명하고, 이를 해결하기 위해 어떤 전략을 사용했는지 이야기하세요.

5. **경영 관련 뉴스:** 최신 경영 관련 뉴스를 미리 읽고, 그 기사에 대해 자신의 생각을 정리해 두세요.

6. **목표:** 경영학을 통해 달성하고 싶은 목표를 구체적으로 설명하세요. 예를 들어, 특정 산업에서 혁신을 이루고 싶다는 목표를 이야기할 수 있습니다.

7. **성공적인 비즈니스 요소:** 혁신, 고객 중심의 서비스, 효율적인 운영 등 성공적인 비즈니스의 중요한 요소를 언급하고, 그 이유를 설명하세요.

8. **기업의 사회적 책임:** CSR의 중요성을 설명하고, 이를 통해 기업이 어떻게 사회에 긍정적인 영향을 미칠 수 있는지 이야기하세요. ↓

10. **어려운 결정:** 어려운 결정을 해야 했던 경험을 구체적으로 설명하고, 이를 통해 배운 점을 이야기하세요.

이 질문들을 바탕으로 자신의 경험과 목표를 구체적으로 설명할 수 있도록 준비하시면 면접에서 좋은 결과를 얻을 수 있을 것입니다. 면접 준비에 도움이 되길 바랍니다!

3) 학과를 하나 정해서 챗GPT와 면접 준비를 해봅시다.

① 면접학과명:(   )

② 챗GPT가 한 질문은 무엇입니까?(모두 기록, 질문이 길면 요약해서 기록)

③ 챗GPT와 면접 준비하면서 느낀 점 혹은 도움된 점을 기록해보세요.

4) 짝꿍과 챗GPT와 면접 본 상황에 대해 이야기를 나눠봅니다.

5) 같은(유사)학과 별로 모둠을 구성하여 서로 챗GPT가 한 질문을 공유하게 합니다. 또 자신이 질문을 한 것들도 공유하게 합니다.

6) 챗GPT에게 받은 질문들을 수집하여 정리하여 다음 시간에 알려줘도 좋습니다. 구글폼 혹은 패들렛 등 활용 가능합니다.

7) 챗GPT와 면접준비를 하면서 면접질문을 자세히 살펴보면서 앞으로 학교생활에 대한 팁도 얻을 수 있습니다. 어떤 비전과 목표를 갖고서 학교생활을 꾸려나갈지 계획세워볼 수 있는 것이지요.

학생부종합전형 준비-즉, 생활기록부 구성- 준비도 결국 본인이 어떤 비전과 목표를 갖고 있으며 이를 위해 어떤 노력을 하는지가 기록되면 됩니다. 이번 챗GPT와의 면접 상황을 토대로 앞으로 남은 학교생활에서 어떤 비전을 갖고 어떤 활동을 할지 구상해봅니다.

〈더 탐색해보기〉

S You

안녕. 나는 초등교사가 되고 싶은 고등학생이야. 요즘 저출산고령화로 초등교사가 인기가 많이 없다고 해. 이런 측면에서 내가 초등교육과를 진학한 후 어떤 비전을 갖고 살아가야할까.

ChatGPT

안녕하세요! 초등교사가 되고 싶은 당신의 열정이 너무 멋지네요. 저출산과 고령화가 현실로 높아지는 가운데, 초등교사의 역할은 더욱 중요해지고 있습니다. 여기서 당신이 초등교사로서의 비전을 세우고 실천할 수 있는 몇 가지 아이디어를 제안해 드릴게요.

1. **창의적인 교육 방법 도입**: 저출산과 고령화로 다양한 가족 형태와 다양성이 증가하고 있는데, 이에 맞춰 창의적이고 유연한 교육 방법을 도입할 필요가 있습니다. 당신은 학생들의 다양한 배경과 요구에 맞춰 새로운 교육 방법을 개발하고 적용할 수 있을 것입니다.
2. **포용적인 교육 환경 조성**: 저출산과 고령화로 가족 구조가 다양화되고 학생들의 다양성이 더욱 중요해지는데, 이에 맞춰 포용적이고 다문화 교육 환경을 조성하는 것이 필요합니다. 당신은 학생들 간의 이해와 존중을 촉진하며, 모든 학생들이 안전하고 지지받는 환경에서 학습할 수 있도록 도울 수 있습니다.
3. **미래 직업에 대한 준비**: 미래에는 새로운 직업들이 계속해서 등장할 것입니다. 당신은 학생들에게 창의성과 문제 해결 능력을 키우고, 미래에 필요한 기술과 역량을 갖추도록 지원할 수 있습니다. 이를 통해 학생들이 미래에 필요한 직업에 대비할 수 있도록 도와줄 수 있습니다.
4. **사회적 기여와 리더십**: 초등교사로서 당신은 학생들에게 사회적 책임감과 공동체 의식을 심어줄 수 있습니다. 학생들이 사회적으로 책임 있는 시민으로 성장하도록 지원하고, 사회 발전에 기여할 수 있는 리더십을 발휘할 수 있습니다.

이러한 방법들을 통해 당신은 초등교사로서의 비전을 구체화하고, 미래에도 교육 분야에서 성공적으로 활동할 수 있을 것입니다. 자신의 열정과 끈기를 잃지 않고 앞으로 나아가시길 바랍니다!

S You

만약에 초등교육과를 졸업하고 초등교사가 되지 않더라도 초등교육을 활용할 수 있는 직업들이 있을까.

ChatGPT

네, 초등교육과를 졸업한 후에도 초등교육을 활용할 수 있는 다양한 직업이 있습니다. 몇 가지 예시를 드리겠습니다.

1. **교육 관련 업무**: 초등교육을 전공한 경우 교육 관련 기관이나 교육 콘텐츠 제작 업체에서 교육 자료 개발, 교육 컨설턴트, 교육 프로그램 기획 등의 업무를 맡을 수 있습니다.
2. **학습 지원 및 보조 교사**: 학교나 학습 지원 기관에서 보조 교사, 학습 지원 보조 교사로 일할 수 있습니다. 이를 통해 학생들의 학습에 도움을 주고 지원할 수 있습니다.
3. **교육 기관 관리**: 학교나 교육 기관의 행정 업무나 관리 업무를 맡을 수 있습니다. 예를 들어, 학교 사무실 직원, 학교 운영 지원 담당자 등의 역할이 있습니다.
4. **교육 컨텐츠 크리에이터**: 교육 컨텐츠 제작 업체에서는 초등교육 전공자가 교육용 동영상, 교육 앱, 학습 자료 등의 제작에 참여할 수 있습니다.
5. **어린이 교육 관련 서비스**: 어린이 학습 센터나 어린이 놀이터, 도서관 등에서 어린이 교육 프로그램을 운영하거나 관리할 수 있는 업무가 있을 수 있습니다.

* 각 대학별로 면접질문이 공개된 곳: 각 대학교 입학처-선행학습영향평가 자체평가 보고서를 보시면 면접질문이 공개되었습니다. 여기 나온 질문을 바탕으로 챗GPT에게 이런 식으로 물어볼 수 있습니다. 챗GPT에게 물어볼 때는 제시문 기반 면접이 아니라 생기부 기반 일반 면접질문에 대해 질의하는 편이 좋습니다.

예를 들면 전남대학교 2023학년도 대학별 선행학습 영향평가 자체평가보고서에는 면접 질문 예시안이 다음과 같이 나와 있습니다.

- 학생부종합전형 면접 질의 예시

평가요소	면접내용
학업 수행 역량	수업에서 발표했던 ○○에 대해 설명해 보고, 자료 조사 과정 중 새롭게 알게 된 내용은 무엇인가요?
	○○ 관련된 신문 기사들을 꾸준히 읽고 지원자의 생각을 정리하여 기록한 활동을 하였는데 가장 기억에 남는 내용은 무엇인가요?
	○○수업에서 보고서를 통해 자신의 생각을 잘 표현한 경험이 있는데 어떤 내용인가요?
	○○수업의 토론에서 주장한 지원자의 입장과 이를 뒷받침할 수 있는 근거에 대해 이야기해 보세요. 토론활동을 통해 배운 점이 있다면 무엇인가요?
	○○활동에서 ○○을 주제로 탐구활동을 하였는데 주제를 선정하게 된 배경은 무엇이고, 탐구했던 내용을 간략히 요약해 보세요.
	지원한 모집단위에 어떤 교육과정이 있는지 탐색해 보았나요? 지원하기 위하여 특별히 노력을 기울여 참여한 학습활동을 소개해 보세요.
	○○ 진로선택과목을 선택하여 수강한 이유는 무엇인가요? 해당 과목에서 인상 깊게 학습했던 내용에 대해 소개해 보세요.

교내 미개설 과목이지만 진로활동을 통해 ○○교과가 전공과 관련성이 높다고 인식하고 학습하였는데 어떠한 점이 관련성이 있다고 판단하게 해주었나요?

○○에 흥미를 갖게 된 계기가 무엇인가요? 대학에 입학하여 가장 배우고 싶은 분야와 진로를 연계해서 설명해 보세요.

○○교과에서 ○○ 주제로 실험하면서 가장 힘들었던 점은 무엇이고, 어떻게 해결하고자 노력하였나요?

평가요소	면접내용
인성 역량	○○ 역할을 수행하였는데, 이 역할을 담당하기 전에 계획했던 목표 중 잘 이행된 공약과 미흡했던 공약에 대해 이야기해 보세요. ○○ 역할을 통해 배우고 느낀 점은 무엇인가요?
	○○ 대회에서 공동수상 하였는데 팀 내에서 지원자의 역할과 기여도에 대해 이야기해 보세요.
	봉사활동 시수가 상대적으로 적은 편인데, 자신의 봉사활동이 진정성 있는 봉사활동임을 설명할 수 있나요? 봉사활동으로 기록되지 않았지만 지원자가 생각했을 때 봉사라고 생각한 활동이 있다면 소개해 보세요.
	'○○하는 역량이 뛰어나다'라는 담임교사의 평가가 있는데 이를 보여줄 수 있는 사례에 대해 이야기해 보세요.
	미인정 지각 및 결과가 기록되어 있는데 어떠한 사유 때문이었나요?
	○○활동을 통해 배운 배려심과 협동정신을 가장 잘 발휘했던 경험에 대해 이야기해 보세요.
	친구들에게 추천해 주고 싶은 도서가 있다면 무엇이고, 그 이유는 무엇인가요?
	학업 외 활동 중 지원자에게 가장 의미 있는 활동은 무엇이며, 느끼고 배운 점은 무엇인가요?

You

나는 국어국문학과에 진학하고 싶은 고등학생이야. 대입 면접에서 "동아리활동을 통해 배운 배려심과 협동정신을 가장 잘 발휘했던 경험에 대해 이야기해보세요" 라고 물어보면 나는 이렇게 답변할거야. "도서동아리 활동을 하면서 도서 정리를 할 때 잘 협조가 이뤄지지 않고 점심먹고 모이자고 할 때 하나둘씩 빠지기 시작했습니다. 이유는 학년마다 반마다 급식시간이 달랐기 때문입니다. 저는 동아리 반장으로서 동아리선생님께 부원들의 급식시간을 앞당기자는 건의를 했고 우리 모두 급식을 함께 일찍 먹고 함께 모여 도서를 정리할 수 있었습니다. 그리고 도서 정리에 힘들어하는 후배들을 위로하고 달래며 끝까지 임무를 완수할 수 있게 격려했습니다. 무엇보다 제가 솔선수범하여 라벨링 등 어려운일을 먼저하였습니다." 내 답변의 좋은 점과 고쳐야 점을 말해줘.

ChatGPT

당신의 답변은 매우 좋은 경험을 잘 설명하고 있습니다. 그러나 몇 가지 개선할 점이 있습니다.

좋은 점:

1. **리더십과 협동심 강조**: 당신이 동아리 활동을 통해 리더십과 협동정신을 발휘했다는 점을 강조하고 있습니다. 이는 면접관에게 긍정적인 인상을 줄 수 있습니다.

2. **문제 해결 능력 강조**: 급식시간의 차이로 발생한 문제에 대해 해결책을 제안하고 실행한 것이 두드러지며, 이는 문제 해결 능력을 잘 보여줍니다.

2. **문제 해결 능력 강조**: 급식시간의 차이로 발생한 문제에 대해 해결책을 제안하고 실행한 것이 두드러지며, 이는 문제 해결 능력을 잘 보여줍니다.
3. **후배 지원과 격려 강조**: 동아리 활동 중 후배들을 지원하고 격려하여 팀의 성공을 이루는 데 기여한 것이 강조되어 있습니다.

고쳐야 할 점:

1. **구체적 예시 추가**: 당신의 경험을 더욱 구체적으로 설명하여 면접관에게 더 명확한 이해를 제공할 수 있습니다. 예를 들어, 어떤 도서 정리 작업이었는지, 어떻게 급식시간 문제를 해결했는지 등에 대해 더 자세히 설명해보세요.
2. **본인 역할 강조**: 동아리 활동 중에 당신이 어떤 역할을 맡았는지 더욱 강조해야 합니다. 동아리 선생님과 함께 한 건의를 한 것은 좋은데, 이 과정에서 당신이 어떤 리더십을 발휘했는지를 더 잘 설명해보세요.
3. **결과와 성과 강조**: 당신의 노력과 협조로 문제를 해결한 결과나 성과를 강조해야 합니다. 도서 정리 작업이나 후배들 지원 등으로 어떤 성과를 이뤘는지 명확히 설명해보세요.

이러한 점들을 고려하여 답변을 보완하면 더욱 완벽한 면접 대답이 될 것입니다.

25. AI윤리에 대해 챗GPT와 토론하기

2000년대 초반까지 사이버 명예 훼손이 발생했을 때 관련 법이 없어서 당사자들을 처벌하지 못했습니다. 문제가 심각해지고 나서야 관련 법이 생기고 처벌하게 되었습니다. 이처럼 법이나 윤리는 기술보다 한참 뒤처져 따라갑니다.

인공지능 시대를 살아가는 우리 아이들이 조금 더 빨리 인공지능 윤리와 법에 대해 고민하면서 더불어 스마트 기기의 폐단과 잘 활용할 수 있는 방법에 대해서도 고민할 수 있기를 바랍니다.

〈내가 자율주행 자동차 엔지니어라면?〉

1) 자율주행 자동차가 상용화되고 있습니다. 여러분이 자율주행 자동차 엔지니어라면 자율주행 프로그램의 우선순위를 무엇으로 할건가요? 다음 영상을 보고 고민해봅시다.

https://youtu.be/pP1FJimHFBw
승객VS보행자… 무인자동차의 선택은?

2) 당신은 자율주행 자동차 엔지니어입니다.

다음 그림을 보고 물음에 답하세요. 어떤 것이 가장 윤리적인 선택이며 당신의 신념에 어긋난 것이 아닐지 고민하며 답변을 합니다.

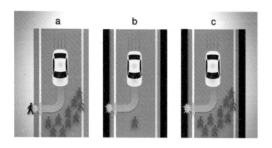

	답변
*자율 주행차··· 당신의 선택은? 그리고 그 이유도 적으세요.	a사례: 직진할 경우 10명의 보행자를 치게 되고, 방향을 돌리면 1명을 치게 되는 상황
	b사례: 직진할 경우 1명의 보행자를 치게 되고, 방향을 돌리면 운전자가 위험한 상황
	c사례: 직진할 경우 10명의 보행자를 치게 되고 방향을 돌리면 운전자가 위험한 상황

3) 영상을 하나 봅시다.

https://www.youtube.com/watch?v=xms3OOi6uHM
세상의 모든 법칙 - 트롤리 딜레마, 당신의 선택은?_#001(4분 57초)

4) 자율주행자동차가 사고를 냈을 경우 누구에게 책임이 있는지에 대해 챗GPT와 토론해봅시다.

가. 나의 주장은? 둘 중 하나를 선택할 것.

① 자율주행자동차에게 책임이 있고 운전자는 책임이 없다.

② 운전자 책임이다.

나. 나의 주장을 반대하는 역할을 챗GPT에게 부여합니다.

* 명령프롬프트를 반드시 5개 이상 입력하며 챗GPT와 토론을 진행해야 합니다.

> 자율주행자동차가 사고를 낼 경우 그 책임이 누구에게 있는지에 대해서 너와 토론을 하고싶어. 나는 운전자에게 있다고 생각해. 왜냐하면 자동차 운전자로서 최후의 판단은 결국 인간이 하는 것이기 때문이야. 너는 나의 의견에 반대하는 역할을 해줘. 내 의견에 반론을 제기해봐.

흥미로운 주제네요! 자율주행자동차의 사고 책임 문제에 대해 당신의 입장에 대해 반대하는 관점을 제시해 보겠습니다.

자동차 제조사 및 소프트웨어 개발자의 책임:

1. **기술적 제어권:** 자율주행차는 인간의 개입 없이 스스로 주행을 결정하는 시스템입니다. 만약 자율주행차가 사고를 일으킨다면, 그 사고는 차량의 인공지능(AI) 및 소프트웨어가 작동하는 방식에 의존하기 때문에, 주행 시스템의 설계와 알고리즘에 문제가 있었을 가능성이 큽니다. 따라서, 자동차 제조사와 소프트웨어 개발자가 주된 책임을 져야 한다고 볼 수 있습니다.

2. **소프트웨어의 책임:** 자율주행차는 복잡한 알고리즘과 데이터 처리 시스템에 의해 운영됩니다. 이 시스템이 오작동하거나 결함이 있을 경우, 이는 기술적 결함이며, 이를 설계하고 개발한 회사가 책임을 져야 합니다. 인간 운전자는 이러한 시스템의 내부 작동 방식을 이해하거나 통제할 수 없으므로, 제조사와 소프트웨어 개발자가 주된 책임을 져야 한다는 논리입니다.

3. **법적 규제와 기준:** 자율주행차의 개발 및 배치에는 정부와 규제 기관이 설정한 법적 기준과 안전 규제가 필요합니다. 이 규제를 준수하지 않거나 충분한 테스트가 이루어지지 않았다면, 사고 발생 시 제조사와 개발자가 책임을 져야 합니다. 법적 기준에 따라 설계와 테스트가 부족한 경우, 자동차 제조사가 책임을 져야 한다는 주장이 있습니다.

4. **비상 상황 처리:** 자율주행차의 시스템이 비상 상황에 제대로 대응하지 못하는 경우, 이는 차량의 알고리즘이 비상 상황을 처리하도록 설계되지 않았기 때문일 수 있습니다. 이 경우, 최종적으로 비상 상황을 처리하도록 프로그래밍된 시스템의 결함이 책임이 될 수 있습니다.

5. **운전자의 통제 불가능성:** 자율주행차는 고도의 자율성을 가지고 있으며, 인간 운전자는 시스템의 세부 조작에 직접 개입하지 않습니다. 따라서 사고가 발생할 경우, 운전자가 차량의 자동 시스템을 직접 제어할 수 없기 때문에, 사고의 책임을 운전자가 아닌 시스템 개발자와 제조사에게 돌리는 것이 합리적일 수 있습니다.

이러한 이유들로 인해 자율주행차의 사고에 대한 책임은 인간 운전자가 아닌 차량의 제조사와 소프트웨어 개발자에게 주어져야 한다고 주장할 수 있습니다. 이 문제는 복잡하며, 향후 법적, 윤리적 논의와 규제의 발전에 따라 변화할 수 있는 분야입니다.

이러한 이유들로 인해 자율주행차의 사고에 대한 책임은 인간 운전자가 아닌 차량의 제조사와 소프트웨어 개발자에게 주어져야 한다고 주장할 수 있습니다. 이 문제는 복잡하며, 향후 법적, 윤리적 논의와 규제의 발전에 따라 변화할 수 있는 분야입니다.

> 자율주행자동차가 보급화된다면 인간의 조작을 개입시키는 프로세스가 반드시 들어갈 것이라고봐. 운전자가 통제 불가능한 시스템 도입을 해서는 안된다고 생각해. 만약 시스템 오류가 난다면 수동작업이 필요할테니까. 이런 맥락에서 운전자는 어떤 사고에서도 최종 책임자가 되어야해. 만약 운전자가 책임지지 않는다면 사고가 난 뒤 범죄자가 양심의 가책없이 사회에서 돌아다닌다는 것인가?

당신의 입장에 대해 다시 반론을 제기해 보겠습니다.

자율주행차가 보급화될 경우, 운전자가 최종 책임자가 되어서는 안 되는 이유:

1. **기술 복잡성 및 전문성:** 자율주행차의 기술은 매우 복잡하며, 이 기술을 설계하고 유지하는 것은 고도의 전문지식을 요구합니다. 일반 운전자는 이러한 복잡한 시스템을 이해하거나 오류를 해결할 능력이 없습니다. 따라서, 시스템 오류로 인한 사고의 책임을 운전자에게 돌리는 것은 부당합니다. 이는 마치 비행기 조종사에게 엔진 설계 오류의 책임을 묻는 것과 유사합니다.

2. **책임의 적절한 귀속:** 자율주행 시스템의 설계와 개발을 담당하는 기업과 엔지니어들은 시스템의 오류와 결함을 방지하고 해결할 책임이 있습니다. 만약 자율주행차가 사고를 일으킨다면, 이는 시스템의 결함이 원인이며, 이를 설계하고 유지보수하는 책임이 있는 사람들이 책임을 져야합니다. 운전자는 이러한 시스템의 결함에 대해 책임을 질 수 있는 위치에 있지 않습니다.

3. **법적 책임 및 보험:** 자율주행차의 사고에 대한 법적 책임은 제조사와 소프트웨어 개발사에게 있어야 합니다. 이미 일부 국가에서는 자율주행차 사고 시 제조사가 책임을 지도록 법적 규정을 마련하고 있습니다. 또한, 보험 시스템도 이에 맞게 조정되어야 하며, 사고 발생 시 제조사와 개발사가 보험금을 부담하도록 하는 방식이 적절합니다.

4. **운전자의 역할 변화:** 자율주행차의 보급화는 운전자의 역할을 근본적으로 변화시킬 것입니다. 운전자는 더 이상 차량의 조작자가 아닌, 시스템의 모니터링 역할을 하게 될 것입니다. 만약 시

스템 오류가 발생했을 때 수동 개입이 필요하다면, 이러한 상황에 대비한 교육과 절차가 마련되어야 하지만, 이는 일상적인 운전 책임과는 구별되어야 합니다.

5. **윤리적 측면:** 사고가 발생했을 때 운전자가 최종 책임을 진다면, 이는 자율주행 시스템에 대한 불신을 초래할 수 있습니다. 자율주행차의 도입은 교통사고를 줄이고 도로 안전을 향상시키기 위한 목적을 가지고 있습니다. 운전자가 사고에 대해 최종 책임을 지는 구조는 이러한 목적을 저해할 수 있습니다. 또한, 사고의 원인이 시스템 결함이라면, 이를 해결하고 개선하는 것이 더 중요하며, 운전자에게 책임을 묻는 것은 문제의 근본적인 해결을 방해할 수 있습니다.

따라서, 자율주행차의 사고에 대한 책임은 시스템의 설계와 유지보수를 담당하는 제조사와 소프트웨어 개발사에게 있어야 하며, 운전자는 최종 책임자가 되어서는 안 된다는 주장을 할 수 있습니다. 이는 자율주행차의 안전성과 신뢰성을 높이는 데 필수적입니다.

※내가 입력한 명령 프롬프트를 기록합니다.

①

②

③

④

⑤

5) 모둠원과 '트롤리 딜레마'에 대해 의견을 나눈 뒤, AI시대 인간이 가져야 할 최후의 윤리의식은 무엇인지 1개를 결정해서 패들렛을 통해 공유하고 발표해봅니다.

26. 챗GPT와 학과 탐색하기

뤼튼을 활용합니다.

1) 다음 분야 중 관심있는 것을 1개 골라봅시다.*

> 환경보호, 인공지능, 창업, 문화예술, 의료기술, 남북통일, 다문화, 체육,
>
> 심리, 교육, 저출산고령화, 언어, 역사, 여행, 음식, 행정, 혹은 (   )

2) 뤼튼에 접속합니다.

① 관심있는 주제와 관련있는 학과를 추천해달라고 요구합니다.

+ 새 대화		저출산고령화와 관련있는 학과를 추천해주세요.

저출산고령화와 관련있는 학과를 추천해주세요.

🦊 답변

저출산과 고령화 문제는 사회 전반에 걸쳐 다양한 영향을 미치고 있으며, 이를 연구하고 해결하기 위해 다양한 학과가 관련되어 있습니다. 다음과 같은 학과를 추천드립니다:

1. **인구학 (Demography):** 인구 변화, 출산율, 사망률, 이주 및 고령화에 대한 연구를 집중적으로 다루며, 정책 제안 및 인구 통계 분석에 중점을 둡니다.
2. **사회복지학 (Social Work):** 고령 인구를 위한 복지 정책과 프로그램 개발, 가족 지원 및 지역 사회 서비스에 대한 연구를 통해 저출산과 고령화 문제를 다룹니다.
3. **노인학 (Gerontology):** 노인의 삶의 질, 건강 관리, 사회적 지원을 연구하며, 고령화 사회에서의 정책 및 서비스 개선 방안을 모색합니다.
4. **경제학 (Economics):** 저출산과 고령화가 경제에 미치는 영향, 노동 시장 변화, 연금 시스템 등을 분석합니다.
5. **보건학 (Public Health):** 고령 인구의 건강 문제 및 예방 조치, 의료 시스템의 변화에 대한 연구를 통해 저출산 및 고령화 문제를 다룹니다.
6. **교육학 (Education):** 저출산으로 인한 교육 시스템의 변화, 유아 교육 및 평생 교육의 필요성 등을 연구합니다.
7. **정치학 (Political Science):** 저출산과 고령화에 대한 정책 ↓ 정 과정과 사회적 영향, 정치적 대응을 분석합니다.

---

* 제시된 단어에 나오지 않은 자신만의 관심분야를 단어로 표현하여 기록한 뒤 골라도 됩니다.

② 추천해준 학과 중 1개를 골라 무엇을 배우는지 질문합니다.

③ 배우는 분야 중 잘 모르는 것을 질문합니다. 여러 꼬리질문을 하면 더 많은 정보를 얻을 수 있습니다.

질병의 발생원인과 전파 분포를 연구하는 것은 무엇을 의미하는지 구체적으로 설명해주세요.

🦖 답변

질병의 발생 원인과 전파 분포를 연구하는 것은 **역학(Epidemiology)**의 주요 역할로, 이는 다음과 같은 의미를 포함합니다:

1. 질병 발생 원인 연구

- **위험 요인 분석:** 특정 질병이 발생하는 데 영향을 미치는 요인(예: 유전적, 환경적, 생활 습관 등)을 식별합니다. 예를 들어, 흡연이 폐암 발생에 미치는 영향을 연구하는 것입니다.
- **원인-결과 관계 규명:** 질병의 원인과 결과 사이의 관계를 규명합니다. 이를 통해 특정 요인이 질병을 일으키는지, 혹은 그 위험을 증가시키는지를 판단합니다.
- **예방 전략 개발:** 질병의 발생 원인을 이해함으로써 예방할 수 있는 전략을 개발합니다. 예를 들어, 비만의 원인을 분석하여 건강한 식습관과 운동을 촉진하는 프로그램을 설계할 수 있습니다.

2. 전파 분포 연구

- **질병 전파 경로 파악:** 질병이 어떻게 전파되는지를 연구합니다. 이는 전염병의 경우, 감염자가 다른 사람에게 어떻게 전파되는지를 분석하는 것을 의미합니다. 예를 들어, 코로나19의 경우 공기 중 비말 전파, 접촉 등을 연구합니다.
- **유행 및 발생 패턴 분석:** 특정 지역이나 인구 집단에서 질병이 어떻게 발생하고 퍼지는지를 분석합니다. 이를 통해 질병의 유행 시기, 지역적 발생 빈도 등을 파악할 수 있습니다.

뤼튼의 답변이 맞는지 검증해야 합니다. 예를 들면 보건학과를 졸업한다고 영양사가 될 수 있는 것은 아니고 보건 관련 학과 중의 하나인 식품영양학과를 졸업해야 영양사가 될 수 있기 때문에, 더 정확한 사실을 알아보기 위해 답변 옆의 참고자료를 클릭해서 더 많은 정보를 알아봅니다.

3) 위에서 탐색한 학과를 포함하여 학과 탐색을 위해 다음 QR코드에 접속합니다.

워크넷-직업진로-학과정보
https://www.work.go.kr/consltJobCarpa/srch/schdpt/schdptSrch.do

커리어넷-학과정보
https://www.career.go.kr/cnet/front/base/major/FunivMajorList.do

 예스24-「중하위권을 위한 이런학과 요런직업」 책소개-목차에 소개된 학과
들 https://www.yes24.com/Product/Goods/121576810
☞목차에 소개된 학과중 관심있는 학과에 대해 워크넷이나 커리어넷, 대학
어디가 혹은 포털사이트를 검색해봅니다.

4) 탐색한 학과 중 관심있는 학과 1개를 선택하여 간단히 정보를 정리합니다.

학과명	학과 개요 혹은 특성 등

〈더 보기 영상〉

 ttps://www.youtube.com/watch?v=TF2I3Ud_SIY
-[진로 고민된다면 클릭] 떡상할 직업 vs 떡락할 직업 80개 총정리 | 입시덕
후(3분 36초)

 https://www.youtube.com/watch?v=BrtfdzG7XuY
[고등학생 필독] 입학하면 무조건 카카오 합격 쌉가능?! 2024 가성비 개꿀
학과 TOP7 | 입시덕후(4분 38초)
-2024년 기준이므로 제시된 정보는 매해 바뀐 것이 있는지 확인해야 합니다.